Konrad von Maurer

Die Quellenzeugnisse

über das erste Landrecht und über die Ordnung der Bezirksverfassung des isländischen Freistaates

Konrad von Maurer

Die Quellenzeugnisse
über das erste Landrecht und über die Ordnung der Bezirksverfassung des isländischen Freistaates

ISBN/EAN: 9783743416727

Hergestellt in Europa, USA, Kanada, Australien, Japan

Cover: Foto ©Suzi / pixelio.de

Manufactured and distributed by brebook publishing software (www.brebook.com)

Konrad von Maurer

Die Quellenzeugnisse

Die Quellenzeugnisse

über das

erste Landrecht und über die Ordnung der Bezirksverfassung des isländischen Freistaates.

Von

Konrad Maurer.

Aus den Abhandlungen der k. bayer. Akademie der W. I. Cl. XII. Bd. 1. Abth.

München 1869.
Verlag der k. Akademie,
in Commission bei G. Franz.
Akademische Buchdruckerei von F. Straub.

Die Quellenzeugnisse

über das

erste Landrecht und über die Ordnung der Bezirksverfassung des isländischen Freistaates.

Von

Konrad Maurer.

Ueber die Entstehung des ersten isländischen Landrechts, sowie über die Einführung einer geordneten Bezirksverfassung auf der Insel ist uns eine Reihe von Quellenzeugnissen aufbewahrt, deren Berichte zwar in manchen Punkten einander in willkommenster Weise bestätigen und ergänzen, in anderen aber auch unklar bleiben, oder selbst einander zu widersprechen scheinen. Für die Rechtsgeschichte des merkwürdigen Freistaates ist die Beseitigung dieser Widersprüche und die Lichtung jenes Dunkels natürlich von sehr erheblicher Bedeutung, und ein Versuch dieses Ziel zu erreichen mag darum immerhin gestattet sein, zumal da die Erörterung der hier einschlägigen Quellenstellen auch literargeschichtlich nicht ganz uninteressante Ergebnisse abzuwerfen verspricht.

Unter den verschiedenen Quellenberichten stelle ich, wie billig, den des alten Ari þorgilsson voran. Die einzige Membrane seines Isländerbüchleins, von welcher wir überhaupt Kenntniss haben, ist allerdings längst verloren, und Jón Sigurðson's Ausgabe der Quelle (im ersten Bande der Íslendínga sögur, Kopenhagen, 1843) beruht lediglich auf zwei Abschriften jenes Originales, welche Bischof Brynjólfur Sveinsson im Jahre 1651 durch den bekannten sèra Jón Erlendsson zu Villíngaholt († 1672) hatte anfertigen lassen; da indessen beide Abschriften (AM. 113, A. und B. fol.) von einauder nur sehr unbedeutend abweichen, und hinsichtlich ihrer Verlässigkeit auch sonst keinem begründeten Zweifel unterliegen, darf der gedruckte Text für geschichtliche Zwecke wenigstens als vollkommen genügend gesichert betrachtet werden. Es heisst aber in der Íslendingabók, cap. 2, S. 5: „En þá es Ísland vas vípa bygt orþit, þá hafþi maþr austrœnn fyrst lög út híngat or Norvegi, sá es Úlfljótr hèt; svá sagþi Teitr oss; oc voro þá Ulfljóts lög cölloþ; hann vas faþir Gunnars, er Djúpdœlir ero comnir frá í Eyjafirþi; en þau voro fleet sett at því sem þá voro Golaþíngslög, eþa ráþ þorleifs ens spaca Hörþacárasonar voro til, hvar viþ scylþi auca, eþa af nema, eþa annann veg setja. Úlfljótr vas austr í Lóni; en svá es sagt, at Grímr geitscor væri fóstbróþir hans, sá es cannaþi Ísland allt at ráþi hans, áþr alþíngi væri átt; en honom fècc hverr maþr peuíng til á landi her, en hann gaf fe þat síþan til hofa." Ohne Unterbrechung wird sodann fortgefahren, cap. 3, S. 6: „Alþíngi vas sett at ráþi Úlfljóts oc allra landsmanna, þar es nú es; en áþr vas þing á Kjalarnesi, þat es þorsteinn Íngólfsson landnámamanns, faþir þorkels mána lögsögomanns, hafþi þar, oc höfþíngjar þeir es at því hurfo. En maþr hafþi secr orþit of þræls morþ eþa leysínga, sá es land átti í Bláscógom; hann es nefndr þórir croppinscegge, en dóttorsonr hans es callaþr þorvaldr croppinscegge, sá es fór síþan í Austfjörþo, oc brendi þar iuni Gunnar bróþor sinn; svá sagþi Hallr Órœkjosun; en sá hèt Colr es myrþr vas; viþ hann es kend geá sú, es þar es cölloþ síþan Colsgeá, sem hræin fundusc; land þat varþ síþan allsherjarfe, en þat lögþo landsmenn til alþíngis næizlo; af því es þar almenníng at víþa til alþíngis í scógom, oc á heiþom hage til hrossa hafnar. þat sagþi Úlfheþinn oss. Svá hafa oc apakir menn sagt, at á LX. vetra yrþi Ísland albygt, svá at eigi væri meirr síþan." Es folgen nun einige chronologische Bemerkungen, und wird sodann in cap. 4 erzählt, wie nach Ablauf mehrerer Jahrzehnte eine Verbesserung des Calenders auf legislativem Wege eingeführt worden sei; dann aber wird in cap. 5, S. 8—9 weitergefahren: „þíngadeild mikil varþ á miþli þeirra þórþar gellis, sonar Óleifs feilans, or Breiþafirþi, oc Odds þess es callaþr vas Túngu-Oddr; hann vas borgfirþscr. þorvaldr, sonr hans, vas at brenno

þorkels Blunketilssonar meþ Hœsna-þóri í Örnólfsdali; en þórþr gellir
varþ höfþingi at sócinni, af því at Hersteinn þorkelsson, Blunketilssonar,
átti þórunni, systordóttor hans; hon vas Helgo dóttir oc Gunnars, systir
Jófríþar, es þorsteinn átti Egilsson. En þeir voro sóttir á þingi því
es vas í Borgarfirþi, í þeim staþ es síþan es callat þingnes. þat voro þá
lög, at vígsacar scylþi sœkja á því þingi es næst vas vettvángi; en þeir
börþose þar, oc mátti þingit eigi heyjasc at lögom; þar féll þórólfr refr,
bróþir Álfs í Dölom, or liþi þórþar gellis. En síþan fóro sacarnar til
alþingis, oc börþosc þeir þar þá enn; þá féllo menn or liþi Odds; enda
varþ secr hann Hœsna-þórir, oc drepinn síþan, oc fleiri þeir at brennunni
voro. þá talþi þórþr gellir tölo umb at lögbergi, hve illa mönnom gegnþi
at fara í ócunn þing at sœkja of víg eþa harma sína, oc talþi hvat
honom varþ fyrir, áþr hann mætti því máli til laga coma, oc qvaþ ýmissa
vandræþi munþo verþa, ef eigi rèþisc bœtr á. þá vas landino scipt í
fjórþúnga, svá at III. urþo þing í hverjom fjórþúngi, oc scylþo þingo-
nautar eiga hvar sacsócnir saman, nema í Norþlendinga fjórþúngi voro
IIII, af því at þeir urþo eigi á annat sáttir; þeir es fyr norþan voro
Eyjafjörþ vilþo eigi þángat sœkja þingit, oc eigi í Scagafjörþ þeir es
þar voro fyr vestan; en þó scylþi jöfn dómnefna oc lögrettoscipon
or þeirra fjórþúngi sem or einomhverjom öþrom; en síþan voro sett
fjórþúngarþíng; svá sagþi oss Úlfheþinn Gunnarsson lögsögomaþr."

An diesen ebenso klaren als in sich wohl zusammenhängenden Bericht des Altvaters der isländischen Geschichtschreibung reihen sich aber
zunächst vier weitere Quellenzeugnisse an, welche unverkennbar unter
sich in näheren Beziehungen stehen. Sie finden sich in zwei Recensionen
der Landnáma, nämlich in der Hauksbók und in der jüngeren Melabók, ferner im þorsteins þáttur uxafóts der Flateyjarbók, sowie
in der älteren Redaction der þórðar saga hreðu. Ich werde sie indessen nicht in dieser Ordnung besprechen, sondern in derjenigen, in
welcher die verschiedenen Texte ihrer inneren Verwandtschaft nach sich
aneinander zu reihen scheinen, und sie gerade nach dieser Seite hin des
Näheren prüfen.

Es ist aber die Hauksbók, um von ihr zuerst zu sprechen, nicht
ihrem vollen Umfange nach erhalten, und zumal besitzen wir von demjenigen

Theile dieser grossen Sammelhandschrift, welcher die Landnáma enthält, nur einzelne Bruchstücke, über deren Ausdehnung Guðbrandur Vigfússon in seiner Vorrede zum ersten Bande der Biskupasögur (Kopenhagen, 1858), S. XVI—XVII, genauen Aufschluss giebt. Keines dieser Bruchstücke berührt den Abschnitt, welcher hier in Betracht kommt; dagegen vertritt die Stelle der Originalmembrane wieder eine von dem oben schon genannten sèra Jón Erlendsson genommene Abschrift (AM. 105, fol.) Die für meinen Zweck erhebliche Stelle, Landnáma, IV, cap. 7, S. 257—9, lautet aber in dieser Recension wie folgt: „Þórðr skeggi nam lönd öll í Lóni, fyrir norðan Jökulsá, milli ok Lónsheiðar, ok bjó í Bæ X. vetr. En er hann frá til öndvegissúlna sinna fyrir neðan heiði í Leiruvági, þá seldi hann lönd sín Úlfljóti lögmanni, er þar kom út í Lóni, syni Þóru, dóttur Ketils Hörðakára Áslákssonar, Bifrakára, Ánarssonar, Arnar hyrnu. Bjó Þórðr nokkora vetr síðan í Lóni, síðan hann spurði til öndvegissúlna sinna. En er Úlfljótr var LX. at aldri, fór hann til Noregs, ok var þar III. vetr; þar settu þeir Þorleifr hinn spaki, móðurbróðir hans, lög þau er síðan voru kölluð Úlfljótslög. En er hann kom út, var sett alþíngi, ok höfðu menn síðan ein lög á landi hèr. Þat var upphaf enna heiðnu laga, at menn skyldu eigi hafa höfuðskip í haf, en ef þeir hefði, þá skyldi þeir af taka höfuð, áðr þeir kæmi í landssýn, ok sigla eigi at landi með gapandi höfðum eða gínandi trjónum, svá at landvættir fælist við. Baugr tvíeyríngr eða meiri skyldi liggja í hverju höfuðhofi á stalla; þann baug skyldi hverr goði hafa á hendi sèr til lögþínga allra, þeirra er hann skyldi sjálfr heyja, ok rjóða þann þar áðr rjóðru nautsblóðs, þess er hann blótaði þar sjálfr. Hverr sá maðr, er þar þurfti lögskil af hendi at leysa at dómi, skyldi áðr eið vinna at þeim baugi, ok nefna sèr vátta II. eða fleiri; nefni ek í þat vætti, skyldi hann segja, at ek vinn eið at baugi, lögeið, hjálpi mèr svá Freyr ok Njörðr ok hinn almáttki Óss, sem ek man svá sök þessa sækja, eða verja, eða vitni bera, eða kviðu, eða dóma, sem ek veit rèttast ok sannast ok helzt at lögum, ok öll lögmæt skil af hendi leysa þau er undir mik koma, meðan ek er á þessu þingi. Þá var landinu skipt í fjórðúnga, ok skyldu vera III. þíng í fjórðúngi, en III. höfuðhof í þíngsókn hverri; þar voru menn valdir til at geyma hofanna at viti ok rèttlæti, þeir skyldu nefna dóma á þíngum ok stýra sakferli; því voru þeir guðar kallaðir; hverr maðr

skyldi gefa toll til hofs, sem nú til kirkju tiund." — Der þorsteins
þáttur uxafóts sodann steht, wie bemerkt, in der Flateyjarbók, einer
in den Jahren 1387—95. für Jón Hákonarson zu Víðidalstúnga geschriebenen
umfassenden Sammelhandschrift; im Originale erhalten (nr. 1005,
fol. Gamle Kgl. Samling, in Kopenhagen), wird dieselbe eben jetzt in
Christiania in buchstäblichem Abdrucke herausgegeben, und das hieher
gehörige Eingangscapitel der Sage lautet, im ersten Bande dieser Ausgabe
(1860), S. 249, folgendermassen: „þordr skeggi het madr hann nam
lǫnd ǫll j Loni firir nordan Jokulsa millum ok Lonshæidar ok bio j Bǽ
tiu uetr. en er hann fra til ǫnduegissulna sinna j Læiruuogi firir nedan
hæidi þa sellde hann lǫnd sin Ulflioti lǫgmanni er þar kom vt j Loni.
Ulfliotr uar son þoru dottur Ketils Haurdakara Aslakssonar Bifrukara
Unarssonar Arnnar hyrnnu. En er Ulfliotr var nærr LX. at alldri þa
for hann til Noregs ok var þar III. vetr. þa settu þeir þorlæifr spaki
modurbrodir hans lǫg þau er sidan voru kollut Ulfliots lǫg. En er hann
kom ut þa var alþingi sett ok hǫfdu allir menn æin lǫg sidan her a
landi. þat var upphaf enna hæidnu laga at menn skylldu æigi hafua
hǫfudskip j haf. en ef menn hefdi þa skylldu þeir af taka hofud adr
þeir kæmi j lands syn ok sigla æigi at landi med gapande hǫfdum ne
ginandi trionu sua at landusættir fældizst vid.) Baugr tuieyringr edr meire
skyllde liggia j hueriu haufuthofui a stalli. þann baug skylldi huerr
godi hafna a hendi ser til logþinga þeirra allra er hann skylldi sialfr
heyia ok rioda hann þar j rodru blotnants þess er hann blotade þar sialfr.
Huerr sa madr er þar þurfti logskil af hendi at leysa at domi skillde
adr æid uinna at þeim bauge ok nefnna ser uotta II. edr flæire. ykkr
nefnnig j þat usætti skyllde hann segia at ek vinn æid at baugi lǫgsæid.
healpi mer suo nu Freyr ok Niordr ok hinn almatki as sem ek mun sua
sok þessa sækia eda ueria edr uitni bera edr kuidu edr dom dæma sem
ek usæit rettazst ok sannazst ok bellzst at lǫgum ok ǫll lǫgmæt skil af
hendi leysa þau er undir mig koma medan ek er a þessu þinge. þa var
landinu skift j fiordunga ok skyldu vera III. þing j fiordungi huerium
en þriu hǫfuthof j þingsoknn huerri. þar voru menn uandadir til at
vardueita hofin at hyggendi ok rettlæti. þeir skylldu domnefnnur eiga
a þingum ok styra sakferlli. þui voru þeir godar kalladir. huerr skyllde
ok giallda toll til hofs sua sem nu er kirkiutíund. Bauduarr hinn huiti

af Úqa ór Noregi bygde fystr at Hofui ok ræisti þar hof ok gerdizst hofgode. hann var fadir þorstæins fǫdur Hallz a Sidu. þorir hinn hafui nam land j Krossavik firir nordan Reydarfiord. þadan eru Krossuikingar komnir." Nach diesem einleitenden Capitel beginnt sodann die Erzählung selbst, und zwar mit den Worten: „þorkell het madr er bio j Krossavik hann var Gæitisson."
 " Der erste Blick lässt eine sehr auffällige Uebereinstimmung zwischen diesen aus dem þorsteins þ. und der Hauksbók ausgehobenen Stellen erkennen. Um sie zu erklären, muss man entweder annemen, dass die Hauksbók den þorsteins þ., oder dass umgekehrt dieser jene benützt habe, oder endlich dass beiden gleichmässig irgend eine dritte Quelle zu Grunde liege; die Entscheidung aber für die eine oder andere dieser drei Möglichkeiten setzt eine vorgängige Feststellung der Entstehungszeit der Hauksbók sowohl als des þorsteins þ. voraus. — Das Alter der Hauksbók lässt sich wenigstens annähernd ohne grosse Mühe bestimmen. Es ist nämlich diese Hs. von Herrn Haukur Erlendsson, nach welchem sie benannt ist, gutentheils eigenhändig geschrieben, und insbesondere nennt sich dieser am Schlusse der in ihr enthaltenen Landnáma selbst als deren Schreiber; die in der Hs. eingestellte Recension der Landnáma also muss unzweifelhaft vor dem 3. Juni des Jahres 1334. vollendet gewesen sein, an welchem Tage Herr Haukur erwiesenermassen starb. Andererseits möchte ich zwar darauf keinen Werth legen, dass Haukur in seiner Landnáma, in welcher er doch oft genug erwähnt wird, niemals den Herrentitel führt, während er doch bereits im Jahre 1304. unter die Ritter gezählt worden sein soll[1]); wohl aber will auch mir bedeutsam vorkommen, dass derselbe einmal (Landnáma, V, cap. 9, S. 302) die Äbtissinn Hallbera als solche nennt, welche nach den Annalen erst im Jahre 1299. diese Würde zu Staður í Reyninesi erlangte, und ausserdem möchte ich auch das für beachtenswerth halten, dass an einer anderen Stelle (Landnáma, II, cap. 4, S. 75) die Valgerður Ketilsdóttir als die Mutter „þeirra Narvasona, þorláks ok þórðar" bezeichnet wird. Wir wissen nämlich, dass von den Söhnen des Priesters Narfi Snorrason zu Skarð auf den Skarðsströnd nicht nur þorlákur († 1303) in den Jahren 1290—91, 1293—5, und 1298—99, und þórður († 1308) in den Jahren 1296—97. und 1300. das Gesetzsprecheramt bekleidete, sondern dass

auch noch ein dritter Bruder, Snorri, in den Jahren 1320—29. das
gleiche Amt inne hatte, und im Jahre 1332. starb²); wenn nun die
Hauksbók nur der beiden älteren Brüder Erwähnung thut, so ist daraus
doch wohl zu schliessen, dass sie zu einer Zeit geschrieben wurde, in
welcher der jüngste noch weniger bekannt, und jedenfalls noch nicht
Lögmann gewesen war. Hiernach würde sich also die für die Entstehung
der Hauksbók offen bleibende Zeit auf die beiden ersten Jahrzehnte
des 14. Jhdts. begrenzen. — Schwieriger ist es, die Entstehungszeit
des þorsteins þ. uxafóts festzustellen. Eine erdichtete Sage ist dieser
unstreitig. Allerdings nennt bereits der Mönch Oddur in der Biographie
K. Ólaf Tryggvason's, welche er am Ende des 12. Jhdts. verfasste, den
þorstein uxafót unter den Männern, welche an der Seite dieses Königs
auf dem langen Wurme kämpften; aber sie zählt ihn zu den Wenigen,
welche nach der Schlacht lebend aus der See gezogen wurden, und bezeichnet ihn überdiess als einen Mann aus Höfund im südlichen Norwegen. In der um das Jahr 1260 compilirten Heimskríngla wird der
Mann ebenfalls unter den tapfersten Streitern auf K. Ólafs Schiff genannt,
und wenn hier nicht nur die Angabe seiner Heimat, sondern auch jede
Nachricht über sein Schicksal im Kampfe fehlt, so liegt der Grund
offenbar nur darinn, dass in dieser Quelle die Schilderung der Schlacht
überhaupt sehr abgekürzt ist. Auch die ungefähr um dieselbe Zeit entstandene Fagurskinna erwähnt den þorstein unter den aus der See Gezogenen, freilich ohne seines Beinamens zu gedenken; endlich wird in
der am Anfange des 14. Jhdts. geschriebenen ausführlicheren Ólafs s.
Tryggvasonar der Mann wider nicht nur unter der Besatzung des Königs-
schiffes mit aufgezählt, sondern es wird auch der ungeschlachten Tapfer-
keit gedacht, mit welcher er gefochten habe, und erwähnt, wie er mit
wenigen Andern aus der See gerettet und von dem siegreichen Jarle
begnadigt worden sei. Von seiner Herkunft ist freilich auch hier wider
nicht die Rede; da er indessen nirgends in der Quelle als ein Isländer
bezeichnet wird, darf als sicher angenommen werden dass er ihr als
ein Norweger galt. Dem gegenüber lässt nun unser þorsteins þ. seinen
Helden von einer isländischen Mutter auf Island geboren werden, während
dessen Vater, Ívarr ljómi, zwar ein Norweger gewesen sein soll, aber

aus Hörðaland; er lässt ferner den Þorsteinn in der Svolderer Schlacht fallen, und knüpft an seine Person die abentheuerlichsten Spukgeschichten, von denen keine andere Quelle das Geringste weiss, während sie ihn ausser jener Schlacht bei keiner einzigen geschichtlich feststehenden Begebenheit betheiligt zeigt; den Ívar endlich, welchen die Flateyjarbók anderwärts ebenfalls zu K. Ólafs Kämpfern, sowie zu den in der Svolderer Schlacht Gefallenen rechnet, und welchen auch der in ihr allein enthaltene Sörla þáttur sammt seinem Sohne gelegentlich erwähnt (I, S. 282— 283, 452, und 492), kennt ausser dieser Hs. keine einzige weitere Quelle. Wiederum nimmt der Þorsteins þ. seinen Ausgangspunkt von Þórir háfi, neben welchem er noch einen Krum und Freystein auftreten lässt, alles Leute, welche, wie die Landnáma zeigt, im Reyðarfjörður oder doch in dessen nächster Nähe gesessen waren. Die Handlung spielt auch wirklich, bis ihr Schauplatz nach Norwegen verlegt wird, in jener Gegend, wie sich diess z. B. aus der geringen Entfernung ergiebt, welche zwischen Krossavík und dem alten Handelshafen Gautavík im Berufjörður angenommen wird; anderntheils soll aber der mächtige Þorkell Geitisson zu Krossavík ein Nachkomme Þórir's sein, welcher in der Erzählung eine Rolle spielt. Allein der sehr angesehene Häuptling dieses Namens, welchen wir am Schlusse des 10. und Anfange des 11. Jhdts. oft genug genannt finden, wohnte nicht in jenem an der Nordseite des Reyðarfjörður gelegenen Krossavík, wo die von Þórir háfi abstammenden Krossvíkíngar ihren Sitz hatten, sondern auf einem weiter nördlich am Vopnafjörður gelegenen Hofe gleichen Namens, auf welchem schon vor ihm sein Vater Geitir und sein Grossvater Lýtingur, der Landnamsmann, gesessen waren. Es genügt, dieserhalb auf die Vopnfirðínga s. (S. 5, 8, 14, 19—20, 29), den Þorsteins þ. hvíta (S. 47), die Droplaugarsona s. (S. 6, 10—11, 27), Ljósvetnínga s. (cap. 9 und 12, S. 25 und 35), Njála (cap. 135, S. 215) und Landnáma (IV, cap. 2, S. 241) zu verweisen, und es ist so gut wie unmöglich, dass zu derselben Zeit, in welcher der berühmte Häuptling zu Krossavík im Vopnafjörður sass, noch ein zweiter Mann des gleichen Namens und Vaternamens den gleichnamigen Hof am Reyðarfjörður bewohnt haben sollte, ein Mann zudem, von welchem keine andere Quelle weiss, obwohl auch er nicht geringen Ansehens gewesen sein soll; es bleibt demnach nur die Anname übrig, dass der Verfasser unserer Sage, sei es nun aus grober Unkenntniss oder aus spielender Willkür, den berühmten þorkel Geitisson aus der nördlichen Krossavík in das Geschlecht der südlichen Krossavíkíngar hereinversetzt habe, wobei er sich noch die weitere Verkehrtheit zu Schulden kommen liess, dass er den alten Geitir bereits in den Jahren 978—85 als alten Austrägler in das Haus seines Sohnes verwies, während derselbe doch im Jahre 987, in welchem er erschlagen wurde, noch in den besten Jahren war und selber seinem Hofe vorstand.[4]) Vielleicht darf ferner auch darauf hingewiesen werden, dass der ungemein seltene Name Orný, welchen in unserer Sage þorkels Schwester trägt, in der Kristni s., cap. 14, S. 32 (und danach in dem Anhange der Skarðsárbók zur Landnáma, S. 331) sich widerfindet; aus der hier genannten Orný þorkelsdóttir, welche der Mitte des 12. Jhdts. anzugehören scheint, könnte wohl die Orný Geitisdóttir unserer Sage geworden sein. Ebenso erinnert Ásbjörn kastanrassi, welcher als Besitzer eines Schiffes genannt wird, ohne dass doch über ihn irgend etwas Weiteres angegeben würde (Flbk, I, S. 256), in bedenklichster Weise an jenen Ásmundur kastanrassi, welcher im Jahre 1189 von Grönland aus nach Island herübergekommen war, um im folgenden Jahre das Land wider zu verlassen, und in der See seinen Tod zu finden (so nach den Annalen und der Guðmundar biskups s., cap. 17—18, S. 435—6, welcher widerum die Sturlúnga, VII, cap. 7—8, S. 129—30 folgt; vgl. aber auch ebenda, II, cap. 6, S. 52, Anm. 7). Es ist schwer zu glauben, dass zwei verschiedene Männer ånlichen Namens den gleichen unverständlichen Beinamen geführt haben sollten; wohl aber mag es sein, dass die Erinnerung an den berühmten Grönlandsfahrer, welcher theils wegen der wunderlichen Bauart seines Schiffes und seiner weiten Reisen im Eismeere, theils auch wegen der vielen isländischen Männer aus angesehenen Häusern, welche mit ihm zu Grunde giengen, seinerzeit viel besprochen wurde und wohl auch lange unvergessen blieb, dessen Namen in unsere Sage gebracht habe. Auch der Name des zweiten Schiffsherrn, mit welchem þorsteinn in See gegangen sein soll, Kolbjörn sneypir (S. 257), kehrt in der Grettla, cap. 3, S. 4 und Landnáma, III, cap. 12, S. 204, wider, und ist aus der letzteren auch in die ausführlichere Ólafs s. Tryggvasonar, cap. 124, S. 250, übergegangen (in der Flbk, I, S. 266 fehlt der Beiname); dass der Mann um reichlich ein Jahrhundert zu früh lebte um mit þorsteinn uxafótur in Berührung kommen zu können, wird nach den obigen Beispielen kaum mehr auffallen. Dieses zugleich ungeschickte und willkürliche Verfügen über die Namen geschichtlich bekannter Persönlichkeiten darf aber als ein schlagender Beweis für die späte Entstehungszeit unserer Sage gelten, und als vollkommen sicher darf nach allen Dem betrachtet werden, dass dieselbe, wie diess auch bereits P. E. Müller in seiner Sagabibliothek, III, S. 237, ausgesprochen hat, erst im Laufe des 14. Jhdts. verfasst worden sei, also zu einer Zeit, in welcher nach dem Ausspruche eines der competentesten Richter in solchen Fragen, weitaus die meisten Fabelsagen dieser Art entstanden sind (Guðbrandur Vigfússon, in der Vorrede zu seiner Ausgabe der Bárðar s. Snæfellsáss, u. s. w., S. III).

Diese späte Entstehungszeit sowohl als der so augenfällig ungeschichtliche Charakter des þorsteins þ. schliesst nun unbedingt die Möglichkeit aus, dass die Hauksbók aus ihm als aus einer Quelle geschöpft haben könnte; dagegen wäre umgekehrt recht wohl denkbar, dass der þorsteins þ. seinerseits die Hauksbók ausgeschrieben hätte, und in der That lässt sich eine mehrfache Benützung der Landnáma in demselben nachweisen. Die kurze Notiz zunächst über Böðvarr hvíti, welche sich im þorsteins þ. an die ihm mit der Hauksbók gemeinsame Stelle anschliesst, ist wohl aus der Landnáma, IV, cap. 7, S. 255—6 geflossen, wo es nach dem Texte der Hauksbók heisst: „Böðvarr enn hvíti var son þorleifs miðlúngs, Böðvarssonar snæþrymu, þorleifssonar hvalaskúfs, Ánssonar, Arnar hyrnu, þórissonar konúngs, Svína-Böðvarssonar, Kaunasonar konúngs, Sölvasonar, Hrólfssonar konúngs or Bergi, Svasasonar jötuns norðan af Dofrum; Hrólfr konúngr átti Gó, er gómánaðr er við kendr, systur þeirra Gors ok Nors, er Noregr er við kendr; ok Brandönundr, frændi hans, fóru af Vors til Íslands ok kvomu í Álftafjörð enn eyðra. Böðvarr nam inn fra Leiruvági, dali þá alla er þar liggja, ok út annan veg til Múla, ok bjó at Hofi; hann reisti þar hof mikit. Sonr Böðvars var þorsteinn, er átti þordísi, dóttur Özurar keiliselgs, Hrollaugssonar; þeirra son var Síðu-Hallr." Die sofort folgende Bemerkung über þórir háfi und seine Nachkommenschaft stammt unzweifelhaft aus der Landnáma, IV, cap. 6, S. 253, wo die Hauksbók liest: „þórir enn háfi ok Krumr hèt annarr, þeir fóru af Vors til Íslands; ok þá er þeir komu ok tóku land, nam þórir Krossavík ok ámilli Gerpis ok Reyðarfjarðar; þaðan eru Krossvíkíngar komnir," und wenn die Haukabók sofort weiterfährt: „en Krumr nam land á Hafranesi ok allt til þernuness ok allt it ytra, bæði Skrúð ok aðrar úteyjar, ok þrjú lönd öðrumegin þernuness; þaðan eru Krymlíngur komnir," so entspricht auch diesen Worten, wenn der þorsteins þ., S. 250, erzählt: „Krumr hinn gamli for af Úps bafelli til Islandz, hann nam land a Hafranesi inn til þernnunes ok allt hit ytra bæde Skrud ok adrar vteyjar ok inn ǫdru megin at þernnunesi." Wenn ferner der þorsteins þ., S. 250, sagt: „Krummr hinn yngri atti þa konu er þorgunna het ok var þorsteins dottir Uetrlidasonar Asbiarnarsonar gǫfugs manns af Bæitzatǫdum Olafssonar langhals Bearnnarsonar reydarsidu," so sagt die Hauksbók in der Landnáma, IV, cap. 4, S. 249: „Vetrliði hèt maðr, son Arinbjarnar Ólafssonar lánghála ok þorsteins torfa ok þorbjarnar í Arnarholti; Ólafr lánghála var son Bjarnar reyðarsíðu," während andere Texte richtiger lesen: „Ólafssonar lánghála, bróðir þeirra Lýtíngs, þorsteins torfa", u. s. w. Wenn es endlich im þorsteins þ., S. 256 heisst: „Freysteinn hinn fagri bio j Sanduik a Bardsnesi ok atti Vidfiord ok Hellisfiord ok var kalladr landnamsmadr. frá honum eru komnir Sanduikingar ok Vidfirdingar ok Hellisfirdingar", so vergleiche man die Worte der Haukabók in der Landnáma, IV, cap. 6, S. 252—3: „Freysteinn enn fagri hèt maðr, hann nam Sandvík, ok Barsnes ok Hellisfjörð ok Viðfjörð," und die Lesart der übrigen Recensionen: „Freysteinn enn fagri hèt maðr, hann nam Sandvík, ok bjó á Barðsnesi, við fjörðinn (lies: Viðfjörð) ok Hellisfjörð; frá honum eru Sandvíkíngar ok Viðfirðíngar ok Hellisfirðíngar komnir," welche noch näher an den þorsteins þ. herantritt. Dass der þorsteins þ. der Flateyjarbók die Landnáma ganz in derselben Weise benützt zeigt, wie dieselbe ja auch in so manchen anderen späteren Sagenwerken zur Herstellung ihrer Genealogieen u. dgl. gebraucht wurde, kann hiernach keinem Zweifel unterliegen, und nur darüber liesse sich allenfalls streiten, ob die aus der Landnáma entlehnten Stellen bereits zum ursprünglichen Bestande der Sage gehörten, oder ob sie vielleicht erst später von den Compilatoren der Flateyjarbók in dieselbe eingeschaltet worden seien. Für die letztere Annahme liesse sich anführen, dass in vier weiteren Hss. des þorsteins þ., welche für dessen ältere Ausgabe (FMS., III, S. 105—

134) benützt wurden, sowohl das ganze Eingangscapitel einschliesslich der Bemerkungen über Böðvarr hvíti und Þórir háfi fehlt, als auch jene andere Stelle, welche die Landname Kruma und die Genealogie der Þorgunna, und theilweise auch die dritte, welche die Niderlassung Freysteins bespricht; dann dass die Flateyjarbók die Sage in einen grösseren auf Island bezüglichen Abschnitt eingestellt zeigt, welcher theils aus der Landnáma, theils aus dem Þorvalds Þ. víðförla geschöpft ist, und dass sich somit fragen lässt, ob nicht etwa die Notizen über Úlfljóts Gesetzgebung von Anfang an jenem grösseren Ganzen zugehört, und dann nur ihrerseits den Anlass geboten hätten, gelegentlich der an ihrem Schlusse vorfindlichen Bemerkung über die Krossvíkingar jene auf dieses Geschlecht bezügliche Sage einzuschalten. Indessen lässt sich gegen dieses letztere Argument einwenden, dass jener Island betreffende Abschnitt der Flbk, in welchen der Þorsteins Þ. eingestellt ist, nicht unmittelbar aus der Landnáma und dem Þorvalds Þ., sondern zunächst aus der ausführlicheren Ólafs s. Tryggvasonar herübergenommen wurde, und dass in dieser wie von dem ganzen Þorsteins Þ. so auch von jenem Eingangscapitel desselben nicht das Mindeste zu finden ist[b]); jenes Eingangscapitel sowohl als auch die übrigen in die Sage übergegangenen Stücke der Landnáma haben hiernach offenbar mit jenen anderen Auszügen aus derselben, welche durch die Vermittlung der Ólafs s. in die Flbk. gekommen sind, ganz und gar Nichts zu schaffen, und können insoweit ebensogut früher als später zu der Sage gekommen sein. Gegen jenes erstere Argument aber lässt sich geltend machen, dass wenigstens die von Freystein und seiner Ansiedelung handelnde Stelle auch in jenen anderen Hss. in einer Fassung widerkehrt, welche trotz aller Verunstaltung doch immer noch die Benützung der Landnáma erkennen lässt (FMS., III, S. 120), und dass bei den höchst ungenügenden Angaben über das Alter und die Beschaffenheit dieser Hss, auf welche sich die früheren Herausgeber der Sage beschränkten (ang. O., Vorrede, S. 7), immerhin dahingestellt bleiben muss, ob in denselben nicht etwa blos corrumpirte, und hin und wider vielleicht auch willkürlich umgeformte Copieen der Flateyjarbók zu erkennen seien. Da übrigens nach dem, was oben über den Inhalt des Þorsteins Þ. auszuführen war, keinem Zweifel unterliegen kann, dass auch eine etwaige ältere und kürzere Redaction desselben keinenfalls

vor dem 14. Jhdte. entstanden sein könnte, bleibt die Entscheidung der Frage, ob jenes Eingangscapitel demselben von Anfang an zugehört habe, oder erst später von den Compilatoren der Flbk. ihm vorgesetzt worden sei, für den hier verfolgten Zweck glücklicherweise ziemlich bedeutungslos; die Abstammung dieses Capitels aus der Landnáma wird durch den Zweifel, ob dasselbe bereits um die Mitte oder erst gegen das Ende des 14. Jhdts. mit unserer Erzählung in Verbindung gesetzt worden sei, in keiner Weise berührt, und auf sie kann es für mich hier allein ankommen. — Aber wenn nach dem Bisherigen die Herkunft der betreffenden Stelle des þorsteins þ. aus der Landnáma allerdings als erwiesen gelten darf, so ist doch damit noch keineswegs die andere Frage beantwortet, ob sofort auch die für die Flbk. oder deren Vorlage benützte Recension dieses Werkes als mit unserer Hauksbók identisch anzusehen sei. Ueber diesen Punkt zu einer sicheren Entscheidung zu gelangen ist schwer, da ja Derjenige, welcher die Landnáma zur Herstellung unserer Sage gebrauchte, dabei recht wohl, bewusst oder unbewusst, deren Text verändert haben mochte; indessen scheinen mir doch mehrfache Spuren daraufhinzudeuten, dass die von ihm gebrauchte Recension in manchen Stücken von unserer Hauksbók abgewichen sei. Oben wurde bereits bemerkt, dass die Worte: „frá honum eru komnir Sandvíkíngar ok Viðfirðíngar ok Hellisfirðíngar", welche unsere Sage von Freysteinn fagri sprechend braucht, in der Hauksbók fehlen, dagegen in anderen Texten der Landnáma sich finden, und auch bezüglich der Genealogie der þorgunna hat sich gezeigt, dass der Text der ersteren kaum für jene benützt sein kann; ich füge nunmehr bei, dass auch von der auf Krum bezüglichen Stelle Dasselbe gilt, indem statt der Worte der Hauksbók „ok allt til þernuness" und wider „þrjú lönd öðrumegin þernuues" die jüngere Melabók liest „inn til þernuness" und „inn öðrumegin jafnsýnt þernunesi," Jenes ganz, Dieses nahezu ganz mit unserem þorsteins þ. übereinstimmend. So darf ferner in unserem Eingangscapitel selbst die Lesart des letzteren „í róðru blótnauts" entschieden als die bessere bezeichnet werden gegenüber der Lesart der Hauksbók „í rjóðru nautsblóðs"; die Formel „ykkr nefnnig í þat vætti" im þorsteins þ. scheint alterthümlicher als die in der Hauksbók gebrauchte Wendung „nefni ek í þat vætti", wiewohl die letztere allerdings in den Formeln der Grágás und der Njála ganz gewöhnlich ist; endlich ist auch der Ausdruck „vitni bera eðr kviðu, eðr dóma dœma" im þorsteins þ. weit correcter als der Ausdruck der Hauksbók „vitni bera eða kviðu eða dóma", da man technisch nur að dœma dóm oder að segja dóm upp sagt, nun und nimmermehr aber að bera dóm. Ganz besonders glaube ich aber auf den Zusammenhang aufmerksam machen zu sollen, in welchem unsere Sage erst von Úlfljót und der älteren Rechtsverfassung Islands, dann von Böðvarr hvíti und zuletzt von þórir háfi spricht. Nur die Bemerkung über þórir steht nämlich mit dem Inhalte der sofort folgenden Erzählung in Verbindung, soferne diese von seinen Nachkommen spricht, während in derselben von Böðvars Geschlecht ebensowenig die Rede ist wie von Úlfljót oder der altisländischen Verfassung; die Aufname auch jener ersteren beiden Stücke lässt sich demnach nur durch die Anname erklären, dass die Notizen über die ältere Gesetzgebung, über Böðvarr und über þórir in der für den þorsteins þ. benützten Recension der Landnáma bereits in derselben Ordnung aufeinander gefolgt waren wie in diesem. Unter dieser Voraussetzung nämlich mochte der Verfasser des þorsteins þ. weiter zurückgegriffen haben, um in dem interessanten Berichte über die alte Legislation einen anziehenden Ausgangspunkt für seine Sage, oder der Compilator der Flateyjarbók, um in demselben einen passenden Uebergang zu den in dieser Hs. unmittelbar vorhergehenden Notizen über die Entdeckung Islands zu gewinnen, und die Bemerkung über Böðvar, die allerdings auch zu solchem Behufe werthlos war, konnte dabei aus Ungeschicklichkeit mit herüber genommen worden sein, weil sie einmal zwischen dem über Úlfljót und dem über þórir Gesagten in der Mitte stand; die Hauksbók aber, welche jene drei Punkte in ganz anderer Reihenfolge abhandelt, indem sie zuerst von þórir, dann nach mancherlei Anderem von Böðvarr, und zuletzt erst von Úlfljót und der Gesetzgebung spricht um dann zu weiteren Angaben über ganz andere Einwanderer überzugehen, kann ebendarum nicht die Quelle jenes Capitels unserer Sage gewesen sein, und bleibt somit auch aus diesem Grunde nur die Anname übrig, dass deren Verfasser oder Ueberarbeiter, mittelbar oder unmittelbar, mit Herrn Haukur eine und dieselbe ältere Redaction der Landnáma benützt haben werde. Nun giebt uns bekanntlich der Letztere selber über die Vorlagen Aufschluss, nach welchen er seine Landnáma bearbeitet habe, indem er, Landnáma, V, cap. 15, S. 320, sagt: „Nú er yfir farit um landnám þau, er verit hafa á Íslandi eptir því sem fróðir menn hafa skrifat, fyrst Ari prestr hinn fróði, þorgilsson, ok Kolskeggr hinn vitri. En þessa bók ritaða (ek) Haukr Ellinzson eptir þeirri bók sem ritað hafði herra Sturla lögmaðr, hinn fróðasti maðr, ok eptir þeirri bók annarri, er ritað hafði Styrmir hinn fróði, ok hafða ek þat or hverri sem framar greindi, en mikill þorri var þat er þær sögðu eins báðar, ok því er þat ekki at undra þó þessi landnámabók sé lengri enn nokkur önnur." Entweder das von Styrmir Kárason († 1245) oder das von Sturla þórðarson († 1281) geschriebene Werk muss somit die hier in Frage stehende Stelle bereits enthalten haben, und es liegt nahe, in dem einen oder anderen zugleich auch die für unseren þorsteins þ. benützte Quelle zu suchen. Gilt es aber, unter diesen beiden Werken zu wählen, so könnte man allenfalls daraus, dass in der Hauksbók wie im þorsteins þ. Úlfljótur mit dem norwegischen Titel als lögmaðr, nicht mit dem altisländischen als lögsögumaður bezeichnet wird, schliessen wollen, dass die beiden gemeinsame Vorlage erst nach der Unterwerfung Islands unter den König von Norwegen geschrieben, und dass sie somit von Styrmir nicht verfasst sein könne. Indessen möchte ich doch einem solchen Schlusse entscheidendes Gewicht nicht zugestehen, und lasse somit dahingestellt, ob in unserem Falle an Sturla's oder an Styrmir's Landnáma zu denken sei.

Gehe ich, die Erörterung der Hauksbók und des þorsteins þ. vorläufig als erledigt betrachtend, in meiner Untersuchung weiter, so stosse ich zunächst auf die jüngere Melabók. Man versteht bekanntlich unter dieser Bezeichnung eine Recension der Landnáma, welche sich dadurch auszeichnet, dass sie ihre Geschlechtsregister soweit nur immer möglich auf einen gewissen Markús þórðarson zu Melar und auf Helga Ketilsdóttir, die Frau seines Sohnes Snorri, zurückzuführen sucht. Dieselbe ist uns in zwei Papierhss. der Arnamagnæana erhalten, und ist die eine von diesen (AM. 106, fol.), welche Árni Magnússon von sèra þórður Jónsson, dem gelehrten Pfarrherrn zu Stuðastaður († 1720), bekommen hatte, nach der Angabe des Bischofes Dr. Hannes Finnsson († 1796) von einem anderen sèra þórður Jónsson, welcher in den Jahren 1634—70. Pfarrer im Hítardalur war, in seinen jüngeren Jahren geschrieben; die zweite, defecte und vielfach unleserliche Hs (AM. 112, fol.) ist dagegen eine einfache Copie jener ersteren, und nach einer eigenhändigen Notiz Árni's, welcher dieselbe im Jahre 1703. zu Saurbœr auf Kjalarnes erhalten hatte, von sèra Helgi Grímsson angefertigt, welcher in den Jahren 1652—91. die Pfarrei zu Húsafell bekleidete.⁶) Die Hs. des sèra Þórður (denn die des sèra Helgi darf als eine blose Abschrift derselben hier ganz ausser Betracht bleiben) ist nun aber eine blose Compilation aus verschiedenen Recensionen der Landnáma, welche denn auch als „Landnáma", „önnur Landnáma," „önnur bók," „önnur," „Hauksbók," öfters in derselben angeführt werden, und sie trägt somit ganz den Charakter der sogenannten „harmonischen" Hss. dieser Quelle, deren nicht wenige noch vorhanden, und für deren neueste Ausgabe benützt worden sind. Dabei erweist sich der als Hauksbók citirte Text als identisch mit demjenigen, welchen auch wir noch mit diesem Namen bezeichnen; als Landnáma, önnur Landnáma u. dgl. wird dagegen bald derjenige Text angeführt, welchen auch wir noch κατ' ἐξοχήν als Landnáma bezeichnen, also diejenige Recension welche in einer von sèra Jón Erlendsson geschriebenen Papierhs (AM. 107, fol.) aufbewahrt und in der neuesten Ausgabe unter B. verstanden ist, bald aber ein anderer, welchem eben jene besondere Bezugname auf die zu Melar gesessene Familie eigen ist, und von welchem ein im 15. Jhdte. nach einer älteren Vorlage geschriebenes Membranfragment (AM. Addit. 20. fol.) uns noch einen unmittelbaren Ueberrest bewahrt hat. Dieses Fragment, gewöhnlich als die ältere Melabók bezeichnet, umfasst indessen leider die hier in Frage kommende Stelle nicht, so dass ich mich bezüglich dieser lediglich auf die jüngere Melabók verwiesen sehe, also auf eine etwa in der Mitte des 17. Jhdts. entstandene Compilation, aus welcher es gilt die Beschaffenheit der benützten Originalien erst zu erschliessen. — Es folgt aber die jüngere Melabók an der oben aus der Hauksbók ausgehobenen Stelle, Landnáma, IV, cap. 7, S. 257—9, zunächst dieser, wenn auch nicht ohne einzelne geringfügige Abweichungen, welche durch die Aufname weiterer Notizen aus der eigentlichen Landnáma bedingt sind, und sie stimmt zumal von den Worten „seldi hann lönd sín Úlfljóti" bis zu den Worten „Baugr tvíeyríngr" wörtlich mit der Hauksbók überein, während die eigentliche Landnáma von diesem ganzen Stücke

Nichts weiss. Bei den zuletzt erwähnten Worten aber bricht die Hs ab, mit einer Verweisung auf einen in ihr befindlichen Anhang, welcher über Úlfljóts Gesetzgebung, den heidnischen Tempeldienst und die Dingverfassung der Insel eine Reihe von Notizen giebt, sodann aber noch ein annalistisches Verzeichniss der Gesetzsprecher folgen lässt, welches zwar bis zum Jahre 1292. herabreicht, aber schon zum Jahre 1272. die Bemerkung macht: „en nú er þrotin lögsögumannaþulan eptir minni Landnámu." Dieser Anhang nun lautet, von dem hier interesselosen Verzeichnisse der Gesetzsprecher abgesehen, nach den Íslendínga sögur, I, S. 334—6, wie folgt: [„Úlfljótr hèt maðr norrænn, systurson þorleifs spaka; hann kom út í Lóni ok keypti land at þórði skeggja allt fyrir austan Jökulsá. En þá er hann var nær hálfsextugr at aldri, fór hann utan ok var III. vetr með þorleifi, frænda sínum; þeir samanskrifuðu lög þau er hann hafði út, ok þá voru kölluð Úlfljótslög. En er hann kom út, þá var sett alþíngi, ok höfðu þá allir ein lög hèr á landi, ok voru þau nokkurn veg samin eptir Gulaþíngslögum. Landinu var skipt í fjórðúnga um daga þórðar gellis; þá skyldu vera III. þíng í hverjum fjórðúngi, en III. höfuðhof í hverri þíngsókn; þar voru menn vandaðir til at varðveita hofin, at vitrleik ok at rèttlæti; þeir skyldu dóm eiga nefna á þíngum, ok stýra sakferlum; því voru þeir goðar kallaðir ok hofgoðar, en þeirra tign ok umdæmi kallat goðorð. Hverr skyldi ok gjalda hofstoll, eigi síðr enn nú kirkjutíund.] Fè þat er til hofs var gefit skyldi hafa til mannfagnaðar, þar er blótveizlur voru. Norðlendínga fjórðúngi var skipt í IIII. þíng; hann var stærri enn hinir fjórðúngarnir. [þat var upphaf hinna. heiðnu laga, at menn skyldu eigi hafa höfðuð skip í haf, en ef þeir hefði, þá skyldu þeir af taka höfuðit áðr enn þeir kæmi í landsýn, ok sigla eigi at landi með gapandi höfðum uè gínandi trjónu, svá at landvættir fældist við. Baugr tvíeyríngr eðr meiri skyldi liggja at hverju hofi á stalli; þann baug skyldi hverr goði hafa á hendi sèr til lögþínga þeirra allra, er hann skyldi sjálfr heyja, ok rjóða þar í rauðu blótnauti þess er hann blótaði.] Dómhríngr var á þíngstaðnum, er þeir menn voru í skipaðir, er þat straff höfðu, at þeir voru dæmdir til blóts. [Á þórnes þíngi stundr steininn eptir, sem þeir menn voru brotnir við, ok sèr enn blóðlitinn á steininum, segir Eyrbyggja.] Sá maðr hverr, er lögskil þyrfti af hendi at leysa at dómi, skyldi áðr eið vinna at baugi, ok nefna sér vátta II. eða fleiri, ok mæla svá: ykkr nefni ek í þat vætti [skyldi hann segja], at ek vinn eið at baugi, lögeið; hjálpi mèr svá Freyr ok Njörðr ok Ás hinn almáttki, sem ek mun þessa sök sækja, eða verja, vitni eða vætti eða kviðu bera, eða dóm dæma, ok öll lögmæt skil af hendi leysa, þau er undir mik koma, meðan ek er á þessu þingi, sem ek veit rèttast ok sannast ok helzt at lögum. Svá sagði vitr maðr, þormóðr, er allsherjargoði var á Íslandi, at með þessum orðum ok þingmörkum helguðu lángfeðgar hans alþíngi. Böðvarr hinn hvíti af Noð or Noregi bygði fyrstr at Hofi; hann reisti þar hof, ok gjörðist þar hofgoði; hann var faðir þorsteins, föður Halls á Siðu. Hof í Vatnsdal ok Hof á Kjalarnesi hafa hèr á landi stærst verit, einkum stórt hundrað fóta á leugð, þat eyðra var ok LX. fóta breitt. Kór eða goðastúka var hjá hverju hofi, þar voru í goðin; þórr eða Júppíter var æðstr ok mest göfgaðr, þá Freyr, sonr Óðins conditor, sá er fyrst bygði Uppsali í Svíaríki; ok þó eigi sè glöggt at skilja, hve mörg goð eða með hverju nafni þau hafi verit hèr dýrkuð at sèrhverju hofi, þá eru þó í gömlum eiðstaf ánefndir þessir III, Freyr, Njörðr ok Ás (hiezu bemerkt die Hs. am Rande: „Ás synecdochicûs"), sem vèr hyggjum þá meina með Óðin, af því hann var æðsti höfðíngi híngat í Norðrlönd kominn or Asía. Æsar eða Æsir kölluðust fleiri. þessi goð stóðu á stalli eða háfum bekk; frammi fyrir þar stóð stalli með miklum hagleik, ok þiljaðr ofan með járni; þar skyldi á vera eldr, sá aldri sloknaði; þat kölluðu þeir vígðan eld; á þeim stalli skyldi ok standa bolli mjök af kopar; þar skyldi í láta blóð þat allt, sem kæmi af fè því er þar var til gæfit, eða mönnum þeim sem til blóta voru dæmdir; þat kölluðu þeir hlut eða hlutbolla, en hlutunum skyldi bæði dreifa yfir menn ok fè. Vatzhyrna. þorsteinn Íngólfsson lèt setja fyrstr manna þíng á Kjalarnesi, áðr alþíngi var sett, við ráð Helga bjólu ok Erlygs at Esjubergi, ok annarra vitra manna; ok fylgir þar enn sökum því goðorði alþíngis helgun. þorkell máni lögsögumaþr var son þorsteins Íngólfssonar; þormóðr var son þorkels, er þá var allsherjargoði, er kristni kom á Ísland. þorgeirr Ljósvetníngagoði var þá lögsögumaðr."

Man erkennt beim ersten Durchlesen dieser Stelle, dass in derselben

Excerpte aus ganz verschiedenen Quellen durcheinander gemischt sind; meine erste Aufgabe wird somit in der Ausscheidung derjenigen Stücke zu bestehen haben, welche mit meiner gegenwärtigen Untersuchung in keiner Beziehung stehen. Angeführt wird nun zunächst einmal die Eyrbyggja; schlägt man aber deren betreffende Stelle nach, so zeigt sich zwar, dass nicht nur der in unserer Hs. eingeklammerte, sondern auch der ihm unmittelbar vorangehende Satz allerdings aus dieser Quelle genommen ist, nicht minder aber auch, dass das Excerpt unserer Stelle mit dieser seiner Quelle keineswegs genau übereinstimmt. Es heisst nämlich in der Eyrbyggja, cap. 10, S. 12 (nach Guðbrands Ausgabe): „þar sèr enn dómhríng þann, er menn vóru dæmdir í til blóts. Í þeim hring stendr þorsteinn, er þeir menn vóru brotnir um, er til blóta voru hafðir, ok sèr enn blóðslitinn á steininum"; von dem ominösen Worte „straff" zumal ist somit hier nicht die Rede, und in der That dürfte dieses in isländischen Werken kaum vor dem 16. Jhdte. zu treffen sein. Dagegen findet sich die Stelle in jener ersteren Fassung auch in der, zuerst im Jahre 1609. erschienenen, Crymogæa des gelehrten Propstes Arngrímur Jónsson († 1648) angeführt, woselbst es auf S. 63 (verdruckt 513) heisst: „Itemque in Islandia Occidentali, provincia Thornesthing: Erat in medio fori circus, in quem homines, Diis ad immolandum deputati, colligebantur: qui ad Saxum prægrande, ibidem positum collisi, necabantur. Cujus rei indignitatem saxum illud fertur, colore sangvinulento nullo imbre abluto, multis post seculis retulisse. Domhriyngur war a pyngstadnuın, er peir menn woru i skapader, er pad straff hófdu, ad peir voru dæmder, til blótz: par stendur steinn, er peir woru, brotnir wid, og sier enn blodzlitinn á steinenum: etc. Eyrbyggia etc." Der Verdacht liegt somit nahe, dass der Compilator der jüngeren Melabók nicht unmittelbar aus der von ihm citirten Eyrbyggja geschöpft, vielmehr sein Citat lediglich aus der Crymogæa abgeschrieben haben möge, wobei er nur die sehr zahlreichen, aber auch sehr leicht erkennbaren Druckfehler dieser letzteren, welche ich für diessmal absichtlich stehen liess, verbesserte, und den Namen des þórsnessþíngs, welchen Arngrímur in seinen einleitenden Worten genannt hatte, in das Excerpt aus der Eyrbyggja selbst einschaltete. Aber auch bezüglich jener anderen Stelle, für welche die Melabók die Vatshyrna anführt, drängt sich die gleiche

Vermuthung auf. In einem Verzeichnisse der Bücher, welche die von Peder Hans Resen der Kopenhagener Universität im Jahre 1675, vermachte Bibliothek ausmachten, wird nämlich ein „Codex islandicus membranaceus, manuscriptus folio, continens: 1) Flóamanna saga. 2) Laxdæla saga. 3) Hænsaþóris saga. 4) Vatnsdæla saga. 5) Eyrbyggja saga. 6) Kjalnesínga saga. 7) Krókarefs saga", erwähnt, welcher in dem grossen Kopenhagener Brande des Jahres 1728. zu Grunde gieng, und diese Hs. bezeichnete Árni Magnússon als die Vatnshornsbók, wie er denn z. B. einmal von einer anderen Hs. der Vatnsdæla bemerkt: „Vatnsdælasagan virðist mèr vera eins og þær almennilegu, þ. e. tekin úr Vatnshornsbókinni, sem nú á heima í bibliotheca Reseniana Havniæ"; aus einem Briefe, welchen Halldórr þorbergsson zu Seila im Jahre 1696. an Árni schrieb, wissen wir überdiess, dass dazumal auch die Eyrbyggja auf Island hin und wider als Vatnshyrna bezeichnet wurde, was denn doch nur daraus zu erklären ist, dass auch sie in einer so benannten Hs. enthalten war.[7]) Beide Benennungen, Vatnshornsbók und Vatnshyrna, oder der Aussprache folgend geschrieben Vatshyrna, sind vollkommen gleichbedeutend; ein Hof Namens Vatnshorn, auf welchem die Hs. längere Zeit gelegen haben mag, hat derselben wohl in ähnlicher Weise seinen Namen geliehen, wie die Insel Flatey der Flateyjarbók zu dem ihrigen verholfen hat, und wir werden kaum irre gehen, wenn wir auf Vatnshorn im westisländischen Haukadalur rathen. Wie die Eyrbyggja, konnte natürlich auch jede andere in dieser Hs. enthaltene Sage auf deren Namen citirt werden, und wirklich findet sich in einer derselben das betreffende Excerpt der Melabók, in der Kjalnesínga s. nämlich, in welcher es, cap. 2, S. 402—4 (íslendínga sögur, II, 1847), heisst: „hann var kallaðr þorgrímr goði. Hann var blótmaðr mikill; lèt hann reisa hof mikit í túni sínu; þat var C. fóta lángt, en sextugt á breidd; þar skyldu allir menn hoftoll til leggja. þórr var þar mest tignaðr; þar var gjört af innan kringlótt svo sem húfa væri; þat var allt tjaldat ok gluggat. þar stóð þórr í miðju ok önnur goð á tvær hendr; frammi fyrir þar stóð stalli, með miklum hagleik gjörr ok þiljaðr ofan með járni; þar á skyldi vera eldr, sá er aldri skyldi slokna; þat kölluðu þeir vígðan eld. Á þeim stalli skyldi liggja hríngr mikill af silfri gjörr; hann skyldi hofgoði hafa á hendi til allra mannfunda; þar at skyldu allir eiða

sverja um kennslumál öll. Á þeim stalli skyldi ok standa bolli af kopar,
mikill (Variante B: mjök af kopar); þar skyldi í láta blóð þat allt, er
af því fé yrði (B: er kæmi af fé því), er þar var gefit, eðr mönnum;
þetta kölluðu þeir hlaut ok blautbolla (B: hlut ok hlutbolla). Hlautinu
(B, 1: en hlutnum) skyldi dreifa yfir menn ok fé, en fé þat, sem þar
var gefit til, skyldi hafa til mannfagnaðar þá er blótveizlur eru hafðar
(B: voru). En mönnum (B. schiebt ein: þeim), er þeir blótuðu, skyldi
steypa ofan í fen þat, er úti var hjá dyrunum (B: fyrir dyrum); þat
kölluðu þeir Blótkeldu." Man sieht, nicht nur die Worte „frammi
fyrir — — yfir menn ok fé", sondern auch die schon vorher einge-
schalteten Worte „fé þat er til hofs var gefit skyldi hafa til mannfagnaðar, þar er blótveizlur voru", stammen ohne allen Zweifel aus der
Kjalnesínga s.; aber auch hier lässt sich wider nachweisen, dass nicht
sie, sondern Arngríms Crymogæa die nächste Quelle bildete. Man liest
nämlich in dieser, S. 62 (verdruckt 512), nach Beseitigung der auffälligsten
und zugleich ganz irrelevanten Druckfehler: „Framme fyrer þar stód
stalle, med miklum hagleik, og þiljadur ofan med járne. þar skyllde á
vera elldur, sá alldre slocknade. þat kolludu þeir vígdann elld. Á þeim
stalle skyllde og standa bolle, miög af kopar: þar skyllde í láta blód
þad allt, kiæme af fie því, er þar var til gefid, eda mönnum etc. þad
kolludu þeir hlut og hlutbolla. Enn hlutunm skyllde bædi dreifu yfer
menn og fie etc. Watshyrna." Und nochmals auf derselben Seite: „Fie
þat er til hofs war gefid, skylldi hafa til mannfagnadur, þar er blótveizlur voru: enn monnum þeim er þeir blótudu, skyllde steypa ofan
í fen þad er uti var fyrer dyrunum etc. þad kölludu þeir blótkelldu
etc. Watzhyrna." Also gerade nur die beiden Stellen sind in den Anhang der Melabók übergegangen, welche Arngrímnr ausschrieb, und
diese mit Fehlern, welche offenbar nur durch dessen Ungenauigkeit
veranlasst sind; wenn die Crymogæa z. B. schreibt: „fé þat er til hofs
var gefit," während in der Kjalnesínga s. steht „fé þat sem þar var
gefit til", — wenn sie nach den Worten „með miklum hagleik" das
Wort „gjörr" auslässt, welches der Sinn doch fordert, — wenn sie statt
„sá er aldri skyldi slokna" liest „sá aldri slocknaði", und die Worte „á
þeim stalli skyldi liggja — — kennalumál öll" völlig auslässt, weil der
gleiche Beginn des nächstfolgenden Satzes sie irrte, so folgt ihr die

Melabók getreulich in allen diesen Stücken; wenn in der Crymogæa nach den Worten „fé því er þar var til gefit eða mönnum," offenbar nur in Folge eines Druckfehlers, ein „etc." steht, so beeilt sich die letztere die vermeintliche Lücke auszufüllen „þeim sem til blóts voru dæmdir", und wenn in Folge eines weiteren Druckfehlers in jener statt „enn hlutnum" steht „enn hlutunm", so löst diese auf „enn hlutunnm." Auch das ist zu beachten, dass die beiden Excerpte, welche Arngrímur getrennt einer und derselben Stelle der Kjalnesínga s. entnam, auch in derselben Trennung in der Melabók an zweierlei Orten eingeschaltet sind; endlich kann auch das kaum ein Zufall heissen, dass in der Melabók wie in der Crymogæa nur die Kjalnesínga s. auf den Namen der Vatnshyrna, die Eyrbyggja dagegen, welche doch auch in dieser Hs. stand, auf ihren eigenen Namen citirt wird. Freilich war Beides gleichmässig zulässig; aber es müsste doch wunderlich zugegangen sein, wenn zwei von einander unabhängige Verfasser gerade dieselben Stellen beiderseits gleicherweise citirt haben sollten. — Bei genauerer Betrachtung zeigt sich aber überdiess, dass die Benützung der Crymogæa sich nicht einmal auf die bisher besprochenen Stellen der Melabók beschränkt. Auch der Satz „Norðlendínga fjórðúngi var skipt í 4. þíng; hann var stærri enn hinir fjórðúngarnir", ist aus ihr genommen; Arngrímur nämlich, welcher die hier Aufschluss gebende Íslendíngabók nicht kannte, der Hænsa þóris s. aber, aus welcher er sich allenfalls auch hätte belehren können, sich wie es scheint gerade nicht erinnerte, und darum sich aufs Conjecturiren verlegen musste, sagt, S. 60 (verdruckt 510): „Civitatem suam primo in quartas seu tetrades — — partiti sunt. Quartas rursus in tertias, nisi borealem: haec enim utpote reliquis amplior, in quartas tributa est." Ja sogar seine ganze Erörterung über die beiden grossen Tempel im Vatnsdalur und auf Kjalarnes, dann über die Götter des Heidenthumes, hat sèra þórður nicht aus älteren Quellen bezogen, wiewohl bezüglich jener ersteren Notizen allerdings in letzter Instanz neben der angeführten Stelle der Kjalnesínga s. die Vatnsdæla, cap. 15, S. 26, seinen Angaben zu Grunde liegt, und nur hieraus erklärt sich denn auch das Vorkommen des Wortes „meina" im Sinne unseres Meinen in diesem Stücke, welches in älteren isländischen Werken kaum nachweisbar sein dürfte.[*]) Jón Sigurðsson hat bereits darauf aufmerksam gemacht, dass die Art, wie in diesem Theile des Anhanges das Eidesformular erwähnt wird, darauf schliessen lasse, dass derselbe aus einer anderen Hs. als das Vorhergehende geschöpft sein müsse, welche dieses Formular nicht enthalten habe (íslendínga sögur, I, S. 336, Anm. 1); ich meinerseits aber halte für unzweifelhaft, dass auch den Worten „Hof í Vatnsdal — — á stalli eða háfum bekk" wider keine andere Quelle zu Grunde liege als die mehrerwähnte Crymogæa Arngríms. Es heisst nämlich hier, S. 61 (verdruckt 511): „Lararium quodlibet, pro ratione hujus terræ magnifice extructum erat; quorum duo leguntur fuisse 120. pedum longa, unum in præfectura Watzdal, Islandiæ borealis, alterum in Kialarnes meridionalis Islandiæ, et hoc qvidem pedes latum 60. Singula ad hæc lararia fanum in sacelli morem sibi adjunctum habebant. Hic locus sacratissimus; hic idola et dii manu facti in suppedaneo seu ara quadam consistebant, quos circum pecudes iisdem mactandæ disponebantur. Deorum autem princeps et medius Juppiter, illis þór, a quo septentrionalia hæc regna diem Jovis Thorsdagh etiamnum indigitant. Huic reliqui dii collaterales, quorum nec numerum certum accepi nec nomina. In veteri tamen juramenti formula (cujus postea erit mentio) tres, præter Thorum, nomine notantur: Freyr, Niordur, As, quorum tertium, nempe As, existimo esse Odinum illum famosum, inter divos ethnicos non postremum habitum (cujus supra memini), dictum As synecdochicωs, quod is Asianorum huc in septentrionem migrantium princeps fuerit. Singulariter namque As, at multitudinis numero Æsar vel Æser dici coeperunt." Man sieht, bis auf die Doppelform „Æsar eða Æsir", wovon doch nur die letztere in den älteren Quellen vorkommt und vorkommen kann, ja bis auf die Randbemerkung „Ás synecdochicωs" herab hat Arngrímur lærði unserem Compilator sein Material geliefert, und weit entfernt dass der gelehrte Propst, wo er die Vatnshyrna citirt, die Melabók oder eine ihr entsprechende Hs. benützt hätte (wie Bischof Hannes Finnsson in der Vorrede zu seiner Landnáma vermuthete), hat umgekehrt unsere Melabók (d. h. die jüngere; die ältere kannte Dr. Hannes noch nicht), wo sie jenen Citaten Entsprechendes bringt, ihrerseits aus jenem Hauptwerke Arngríms geschöpft. Die Bemerkungen, welche Finnur Magnússon, Grönlands hist. Mind. Mærk., I, S. 32 über diesen Punkt macht, dürften gleichfalls hiemit erledigt sein.

Streiche ich nun in dem oben ausgeschriebenen Theile des Anhanges zur jüngeren Melabók alle diese aus S. 60—63 der Crymogæa entlehnten Excerpte, so bleibt mir Zweierlei übrig; einmal nämlich eine längere, von den Worten „Ulfljótr hèt maðr" bis zu den Worten „eigi síðr enn nú kirkjutíund," und wider von „þat var upphaf" bis „er hann blótaði," endlich von „Sá maðr hverr" bis „föður Halls á Síðu" reichende Stelle, sodann aber eine kürzere, die Worte „þorsteinn Ingólfsson" bis „var þá lögsögumaðr" umfassende. — Das erstere Stück zeigt augenscheinlich die engste Verwandtschaft mit den beiden oben aus der Hauksbók und dem þorsteins þ. ausgehobenen Stellen. Hinsichtlich der Worte „Sá maðr hverr — — lángfeðgar hans alþingi" könnte man zwar allenfalls die Frage aufwerfen, ob nicht auch sie aus der Crymogæa entlehnt seien, indem es hier, S. 77, widerum nach Tilgung einiger Druckfehler, heisst: „Hann skylldi nefna votta, í þat vætti, ad eg vinn lögeid at baugi: hjalpe mier svo Freyr og Niordur og hinn almattke As, ad eg skal so dom dæma, sauk stekja edur verja, vætti bera eda qvidu qvedja, og aull lögmælt skil af hendi leysa, þau er undir mig koma, sem eg veit rettast og hellst at lögum. etc. Suo sagdi vitur madur, þormodr, er allsherjar gode var á Islandi, at med þessum ordum og þingmörkum helgudo langfedgar hans alþínge alla æfe etc. Vid. Watzhyrn;" da indessen Arngríms Text von dem der Melabók immerhin mehrfach abweicht, und der letztere jedenfalls den ganzen Ueberrest des Stückes anderswoher als aus der Crymogæa bezogen haben muss, lässt sich doch wohl annemen, dass dasselbe auch bezüglich der angeführten Worte der Fall gewesen sein werde, deren grösserer Theil ohnehin auch in der Hauksbók und im þorsteins þ. widerkehrt. Vergleiche ich aber den Anhang der Melabók im Einzelnen mit diesen letzteren beiden Quellen, so ergeben sich sofort neben jener principiellen Uebereinstimmung beider Versionen doch auch einzelne nicht unwesentliche Abweichungen unter denselben. Auf die Verschiedenheit des Einganges zwar lege ich kein Gewicht, denn es begreift sich, dass séra þórður, welcher bereits an einer früheren Stelle seiner Compilation über Úlfljót nach der Hauksbók gehandelt hatte, sich veranlasst sehen mochte, manche auf dessen Abstammung und Ansiedelung bezügliche Notiz in seinem Anhange zu übergehen, wenn dieselbe etwa in der hier benützten weiteren Quelle

änlich wie in der Hauksbók lautete; hatte er sich doch durch denselben
Wunsch, Widerholungen zu vermeiden, auch schon an jenem früheren
Orte dazu bestimmen lassen, den Bericht dieser letzteren Hs. unter Verweisung auf seinen Anhang kurz abzubrechen. Aber erheblich ist, dass
Úlfljóts Alter zur Zeit seiner Rückreise nach Norwegen hier anders als
dort angegeben wird; „60. åt aldri" sagt die Hauksbók, und „nær 60.
at aldri" der þorsteins þ., während in der Melabók geschrieben steht
„nær hálfsextugr at aldri." Bedeutsam ist ferner, dass die letztere
ausdrücklich bemerkt, die Úlfljótslög seien nach dem Muster der norwegischen Gulaþingslög eingerichtet worden, wovon die beiden anderen
Quellen Nichts wissen; die Wortfassung freilich der Melabók ist gerade
an dieser Stelle eine sehr moderne, und der Ausdruck „samanskrifuðu"
zumal lässt den späten Verfasser nicht verkennen, aber auf eine spätere
Einschaltung des Inhaltes kann daraus denn doch noch kein bündiger
Schluss gezogen werden. Auffällig erscheint auch, dass die Notiz über
die Bezirkseintheilung der Insel in der Melabók versetzt ist. Während
dieselbe im þorsteins þ. und in der Hauksbók erst auf das Eidesformular
folgt, wird sie hier noch vor der Notiz über den Anfang der heidnischen
Gesetze eingeschaltet, und überdiess zeigt sie auch darinn noch etwas
Eigenes, dass in der Melabók, und nur in dieser, ausdrücklich bemerkt
wird, die Ordnung der Bezirksverfassung sei „um daga Þórðar gellis"
erfolgt. Am Erheblichsten aber scheint die Berufung auf den þormóður
allsherjargoði im Anhange der Melabók, von welcher weder die Hauksbók noch der þorsteins þ. das Geringste weiss. Rein undenkbar scheint
mir, dass diese beiden Quellen jene Notiz über das Verhältniss der
Úlfljótslög zu den Gulaþingslög, oder vollends diese Bezugname auf den
alten þormóð weggelassen haben sollten, wenn sie dieselbe in ihrer Vorlage vorgefunden hätten, und ich schliesse somit aus diesem Umstande,
im Zusammenhalte mit jenen anderen, theils an und für sich erheblichen,
theils wenigstens adminiculirenden Abweichungen, dass unser Anhang
zur Melabók weder aus der Hauksbók oder dem þorsteins þ., noch auch
nur aus der für beide vorauszusetzenden gemeinsamen Vorlage geflossen
sein könne. Muss aber hiernach eine anderweitige Bezugsquelle für das
betreffende Stück dieses Anhanges gesucht werden, so kann es andererー

seits auch nicht schwer halten dieselbe mit ziemlicher Sicherheit zu ermitteln. Wir wissen ja, dass sèra Þórður neben der Hauksbók und der eigentlichen Landnáma auch noch jene weitere Landnáma benützte, aus welcher er seine Notizen über die Melamenn entlehnte, also die ältere Melabók, von welcher uns nur noch ein dürftiges Bruchstück erhalten ist. Nun kann er aus der eigentlichen Landnáma an der hier fraglichen Stelle nicht geschöpft haben, weil diese ja von den einschlägigen Notizen gar Nichts weiss, und ebensowenig aus der Hauksbók, da er ja dieser ohnehin schon an jenem früheren Orte gefolgt war, und überdiess auch aus ihr keineswegs Alles entnemen konnte, was jener Theil seines Anhanges enthält; wenn er sich demnach veranlasst sah, das nach der Hauksbók bereits Mitgetheilte hinterher in seinem Anhange in einer anderen Version gutentheils nochmals zu reproduciren, so kann dieser sein zweiter Text eben doch kaum anderswoher als aus der älteren Melabók entnommen sein, die er ja auch an so vielen anderen Stellen benützt und ausgeschrieben hat. — Auf die nämliche Quelle dürfte sich aber auch jenes oben bezeichnete zweite Stück des Anhanges zurückführen lassen. Offenbar ist dasselbe von dem Compilator selber zusammengeschrieben, um einerseits der von ihm aufgenommenen Berufung auf den Þormóður goði zur weiteren Erklärung zu dienen, und andererseits zu dem sofort sich anreihenden Verzeichnisse der Gesetzsprecher einen passenden Uebergang zu bilden; woher er aber das zu demselben benützte Material erhalten hatte, ist leicht nachzuweisen. Die Notiz über den Þorgeirr Ljósvetníngagoði, mit welcher das Stück schliesst, konnte er aus dem folgenden Verzeichnisse der Gesetzsprecher entnemen, welches ja nach seiner eigenen Angabe in seiner Landnáma enthalten war, d. h. in der älteren Melabók, denn weder die Hauksbók noch die eigentliche Landnáma enthält ein solches; alle andern Angaben aber fand er in der Landnáma, I, cap. 9, S. 38—39, beisammen, aus welcher dieselben auch in die ausführlichere Ólafs s. Tryggvasonar übergegangen sind (FMS., I, S. 241—2; die Flbk, I, S. 263, giebt die Stelle nur sehr verstümmelt wider). Es heisst nämlich in jener ersteren Quelle: „Íngólfr átti Hallveigu Fróðadóttur, systur Lopts ens gamla. Þeirra son var Þorsteinn, er Þíng lèt setja á Kjalarnesi, áðr alÞíngi var sett. Son Þorsteins var Þorkell máni lögsögumaðr. — — Son hans var Þormóðr,

er þá var allsherjar goði er kristni kom á Íslaod." Nur die Worte
„við ráð Helga bjólu ok Erlygs at Esjubergi ok annarra vitra manna,
ok fylgir þar enn sökum því goðorði alþíngis helgun," bleiben durch
keine Quelle gedeckt übrig; aber zu den Worten „systur Lopts ens
gamla" bemerkt die jüngere Melabók in Parenthese: „föðursystur," unter
Berufung auf die Landnáma, worunter hier nur die ältere Melabók verstanden sein kann, da die Hauksbók sowohl als die eigentliche Landnáma „systur" lesen, und so mochte jene erstere Hs, wie sie in diesem
Punkte von der Wortfassung dieser letzteren abwich, allenfalls auch
jene in diesen fehlenden Worte enthalten haben. In der älteren Melabók
also dürfen wir mit ziemlicher Sicherheit einerseits die Quelle unseres
Anhanges zur jüngeren Melabók erkennen, soweit dieser nicht Arngríms
Crymogæa ausgeschrieben hat, andererseits aber auch eine Recension
der Landnáma vermuthen, welche jener anderen parallel lief, welche für
die Hauksbók einerseits und den þorsteins þ. andererseits als gemeinsame Vorlage gedient hatte.

Die letzte endlich der hier in Betracht kommenden Quellen ist die
þórðar saga hreðu. Es liegt diese bekanntlich in zwei verschiedenen
Recensionen vor, deren eine, vollständig erhaltene, im Jahre 1848. von
Halldórr Friðríksson herausgegeben wurde, während die zweite, von
welcher nur zwei wenig umfassende Bruchstücke übrig sind, erst im Jahre
1860. von Guðbrandur Vigfússon zugleich mit der Bárðar s. Snæfellsáss,
der Víglundar s. und einigen kleineren Stücken erschöpfend veröffentlicht
wurde, nachdem Halldórr Friðríksson bereits vorher deren zweites Fragment mit abgedruckt hatte. Hieher gehört aber cap. 1, S. 93—4, in
Guðbrands Ausgabe, welches folgendermassen lautet: „Hrólfr í Bergi
Upplendínga konúngr var faðir Sölga konúngs, föður Böðvars konúngs
Kaums, föður þóris konúngs svíra, föður Ónars konúngs, Arnar hyrnu;
hans synir vóru þeir þorleifr hvalaskúfr, faðir Böðvars snæþrymu, föður
þorleifs miðlúngs; annarr Áslákr biflu keri, faðir Ketils Hörðakára;
hann var ágætr maðr, ok réð fyrir Upplöndum; hann. lagði undir sik
III. konúnga af sinni hreysti ok harðfengi, ok eignaðist þeirra ríki.
Hann átti mörg börn, og er frá honum kominn hinn gildasti ættbogi
ok mart stórmenni. þessi vóru börn Hörðakára: þorleifr hinn spaki,
Ögmundr, Ölmóðr enn gamli, þórðr hreða, þóra móðir Úlfljóts er lög

hafði til Íslands. Ögmundr var faðir þórólfs skjálgs, föður Erlíngs á Sóla. Ölmóðr enn gamli var faðir Áskels, föður Ásláks fitjaskalla, föður Sveins bryggjufóts, föður Bergþórs bukks, föður Sveins. Úlfljótr son þóru Hörðakáradóttur hafði út lög til Íslands at ráði þorleifs ens spaka móðurbróður síns, þau er síðan vóru kölluð Úlfljótslög. En er hann kom út, var alþíngi sett, ok höfðu allir menn síðan ein lög hér á landi. En lög þau vóru sett flest at því sem þá vóru Gulaþíngslög ok eptir ráði þorleifs ens spaka hvar við skyldi leggja eða af taka, þat var upphaf laga þeirra, at menn skyldi eigi sigla at landinu með gínandi höfðum eðr gapandi trjónum, svo at landvættir fældist við. En þá er landinu var skipt í fjórðúnga, skyldu vera III. þíng í hverjum fjórðúngi, en III. höfuðhof í hverju þíngi. þar vóru menn vandaðir til at varðveita hofin at hyggindi ok rèttlæti. þeir skyldu dómnefnur eiga á þíngum ok stýra sakferli; þeir vóru kallaðir hofgoðar. Hverr maðr skyldi gefa toll til hofs, svo sem nú er kirkjutíund. Baugr tvíeyríngr eðr meiri skyldi liggja á stalli í höfuðhofi hverju; þann baug skyldi hafa á hendi til allra mannfunda ok rjóða hann þar í roðru blótnauts þess er hann blótaði. Hann skildi vinna eið at baugi, ok nefna votta í þat vætti, at hann ynni lögeið at baugi: hjálpi mèr svo Freyr ok Njörðr ok Áss enn almátki, sem ek skal svo sök sækja eðr verja, eðr vætti bera, eðr kviðu kveða, eðr dóm dæma, ok öll lögmælt skil af hendi leysa, sem ek veit rèttast ok sannast ok helzt at lögum, þau er undir mik koma. Svo sagði vitr maðr þormóðr, er þá var alsherjargoði, at með þessum orðum ok þíngmörkum helguðu langfeðgar hans alþíngi alla æfi. Gunnarr hèt son Laga-Úlfljóts, hann átti þóru, dóttur Helgu ens magra; þeirra son var Ketill í Djúpadal." — Vergleiche ich nun dieses Eingangscapitel der þórðar s. mit Dem, was nach Abzug der aus der Crymogæa entlehnten Stellen von unserem Anhange zur Melabók übrig bleibt, so ergiebt sich zwischen Beiden eine unverkennbare Uebereinstimmung. Das zwar ist klar, dass der Anfang der þórðar s., welcher die Nachkommenschaft K. Hrólfs bis auf Úlfljót herab aufrechnet, in der Melabók ebensogut fehlt wie der Schlusssatz, welcher Úlfljóts eigene Descendenz bespricht; klar auch, dass umgekehrt in der þórðar s. sowohl die Eingangsbemerkungen der Melabók über þórður skeggi und dessen Landverkauf an Úlfljót, dann über des letzteren Alter, Reise nach Norwegen und dreijährigen Aufenthalt daselbst fehlen, als auch deren schliessende Notizen über Bóðvarr hvíti, sowie über þorsteinn Íngólfsson und dessen Nachkommen. Auch fehlt es keineswegs an sonstigen Abweichungen. Die Notiz s. B. über die Bezirkseintheilung der Insel ist in der þórðar s. an einer anderen Stelle eingeschoben als in der Melabók, soferne sie dort zwischen die Bemerkung über den Anfang der heidnischen Gesetze und die Bestimmung über den Tempelring und das Eidesformular zu stehen gekommen ist, nicht wie hier vor beide; ausserdem fehlt auch in der þórðar s. die Bezugname auf die Zeit des þórður gellir, wie solche in der Melabók sich findet. Die Angabe über den Anfang der Úlfljótslög ist in der þórðar s. abgekürzt, sei es nun absichtlich, oder, was mir wahrscheinlicher dünkt, durch irrthümliches Ausfallen der Worte „hafa höfðuð skip í haf, en ef þeir hefði, þá skyldu þeir af taka höfuðit áðr enn þeir kæmi í landsýn, ok eigi;" ebenso fehlen in der Stelle über den Tempelring die Worte „hverr goði", und dann wider die anderen „hverr sá muðr, er þar þurfti lögskil af hendi at leysa at dómi", Beides doch wohl auch wider nur in Folge irrthümlicher Auslassung. Auch sonst finden sich in der Sage einzelne Kürzungen oder Veränderungen in der Wortfassung, unter welchen ich nur die verkehrte Schreibung „lögmælt" statt des in der Grágás so oft widerkehrenden technischen „lögmæt," — die richtige Lesart „þeir skyldu dómnefnur eiga" statt der verkehrten „þeir skyldu dóm eigu nefna", — endlich die Versetzung der Worte „sem ek veit rèttast ok sannast ok helzt at lögum" anführe, welche diese an einer Stelle bringt, die zwischen der in der Melabók und der in den beiden anderen Quellen ihnen angewiesenen in der Mitte liegt. Aber alle diese letzteren Differenzen sind eben doch in keiner Weise principieller Natur, und auch die durchgreifendere Verschiedenheit im Eingange und wider im Schlusse beider Stellen erklärt sich leicht aus der Verschiedenheit des Zusammenhanges, in welchem, und der Gründe, wegen welcher die beiden Quellen gemeinsamen Stücke hier und dort mitgetheilt werden; dem bei Weitem grösseren Theile seines Inhaltes nach zeigt dagegen das Eingangscapitel der þórðar s. mit dem Anhange der Melabók die innigste Verwandtschaft, und insbesondere tritt dasselbe diesem in allen charakteristischen Punkten, welche ihn von der Hauksbók und dem þorsteins þ. scheiden, ungleich näher als diesen. Dass z. B. der auf die Bezirkseintheilung der Insel bezügliche Satz in der þórðar s. ebensogut versetzt ist wie in der Melabók, wenn auch in etwas anderer Weise als in dieser, wurde bereits bemerkt. Die Bezugname ferner auf die Gulaþingslög als auf das Muster der Úlfljótslög kehrt auch hier wider, und die Worte der Sage „en lög þau vóru sett flest at því sem þá vóru Gulaþingslög, ok eptir ráði þorleifs ens spaka, hvar við skyldi leggja eða af taka" lauten sogar acht und alterthümlich verglichen mit der blos excerpirenden Fassung der Melabók. Die Berufung endlich auf den þormóður allsherjargoði, welche in den beiden anderen Quellen fehlt, findet sich in der þórðar s. mit denselben Worten wie im Anhange der Melabók. Muss ich hiernach annemen, dass entweder die þórðar s. und die Melabók einander ausgeschrieben, oder dass beide gleichmässig aus einer und derselben älteren Quelle geschöpft haben, so will mir beachtenswerth erscheinen, dass in den Fällen, in welchen der þorsteins þ. der Hauksbók gegenüber den älteren und ächteren Text zu zeigen scheint, die Melabók und die þórðar s. mit dem ersteren zu stimmen oder doch ihm näher zu stehen pflegen, während umgekehrt wider da, wo die þórðar s. von der Melabók abweicht, zumeist diese letztere den besseren Text hat, aber dann auch mit der Hauksbók und dem þorsteins þ. sich näher berührt. Wo z. B. die Hauksbók „í rjóðru nautsblóðs", der þorsteins þ. aber „í róðru blótnauts" liest, steht in der þórðar s. ebenfalls „í róðru blótnauts", und im Anhange der Melabók „í rauðu blótnauts"; — wo die Hauksbók „nefni ek í þat vætti", der þorsteins þ. aber „ykkr nefnig í þat vætti" hat, liest die Melabók „ykkr nefni ek í þat vætti," während die þórðar s. hier nicht in directer Redeform spricht, also ausser Betracht bleibt; — wenn die Hauksbók sagt „vitni bera, eða kviðu, eða dóm", der þorsteins þ. dagegen „vitni bera eða kviðu, eðr dóma dæma", hat die Melabók „vitni eða vætti eða kviðu bera, eða dóm dæma", und die þórðar s. noch genauer „vætti bera, eðr kviðu kveða, eðr dóm dæma;" — die Bemerkung endlich über Böðvarr hvíti, welche in der þórðar s. ebensogut wie in der Hauksbók fehlt, hat der Anhang der Melabók ganz in derselben Weise wie der þorsteins þ., und wenn jener nicht auch die in diesem sich an dieselbe anschliessende Notiz über þórir háfi bringt, so erklärt sich diess sehr einfach

daraus, dass diese für die ältere Verfassung Islands, um welche es dem
Compilator jenes Anhanges allein zu thun war, keinerlei Ertrag abwirft.
Andererseits kehren nicht nur die mehrfachen Kürzungen und Auslassungen, welche der flüchtige Schreiber der Þórðar s. sich erlaubte, in
der Hauksbók und im Þorsteins þ. ebensowenig wie in der Melabók
wider, sondern es wird auch von Þórður skeggi und seinem Landverkaufe,
von Úlfljóts Alter, Rückfahrt nach Norwegen und Aufenthalt daselbst in
jenen beiden Quellen ebensogut wie in dieser, und z. Th. sogar noch
ausführlicher gesprochen; — „lögmæt", nicht „lögmælt", ist auch in
ihnen zu lesen; — in einem Falle endlich, da ausnamsweise die Þórðar
s. die richtigere Lesart, nämlich „dómnefnur eiga" statt des unverständlichen „dóm eiga nefna" der Melabók, hat, stimmt der Þorsteins þ.
völlig mit jener, während die Hauksbók wenig anders liest „nefna dóm."
Nach allem Dem möchte ich für wahrscheinlich halten, dass wie der
Hauksbók und dem Þorsteins þ., so auch der Þórðar s. und dem Anhange
zur jüngeren Melabók, beziehungsweise der von ihm ausgeschriebenen
älteren Melabók, eine gemeinsame Quelle zu Grunde liege, und dass wie
dort der Þorsteins þ., so hier die Melabók im Allgemeinen dieser gemeinsamen Grundlage treuer folgte, was natürlich nicht ausschliesst, dass
in einzelnen Wendungen auch einmal die Þórðar s. oder die Hauksbók
die ältere Fassung aufbewahrt haben möge; die Bezugname auf die
Gulaþingslög und die Berufung auf den Þormóður goði gelten mir dabei
als zwei Merkmale, durch deren Vorhandensein oder Fehlen die beiderseitigen Vorlagen sich bereits recht augenfällig geschieden haben müssen.

Soll nun aber der Versuch gemacht werden, die Beschaffenheit dieser
von der Þórðar s. und der Melabók gleichmässig benützten Quelle des
Näheren festzustellen, so wird vor Allem die Bestimmung des Alters
jener erstern Sage nöthig, und diese lässt sich nicht ohne eine gleichzeitige Erörterung des Verhältnisses gewinnen, welches zwischen den
beiden uns vorliegenden Recensionen derselben besteht. — Ueber die
Handschriften der von Guðbrandur Vigfússon herausgegebenen Recension
der Sage (ich werde sie fortan der Kürze wegen als A. bezeichnen) hat
uns der Herausgeber selbst vollkommen genügend unterrichtet. Das
erste der beiden Membranfragmente, welche von ihr erhalten sind (AM.
Addit. 20, fol.), giebt, unmittelbar auf den Schluss der Þórðar s. folgend,

den Anfang der Þórðar saga. Allerdings ist die äussere Seite des Blattes weggerissen, und somit nur das Stück am inneren Rande hin übrig; indessen lässt sich das Fehlende glücklicherweise aus zwei Papierabschriften (AM. 486 und 564, 4°) ergänzen, welche im 17. Jhdte. angefertigt wurden, als nicht nur jenes Blatt noch unzerrissen, sondern auch das nächstfolgende in der Membrane noch vorhanden war, und wenn zwar beide Hss. in cap. 3—6 die beiden Recensionen der Sage mit einander zu verschmelzen suchten, um dann von cap. 7 an völlig der unten zu besprechenden gewöhnlichen Version derselben zu folgen, so hat doch dieses Bestreben, wie aus dem erhaltenen Blattfragmente mit voller Sicherheit zu ersehen ist, wenigstens auf deren beide erste Capitel keinerlei Einfluss geäussert. Das zweite Membranfragment dagegen (AM. 564, A, 4to) enthält den Schluss unserer Sage, dann aber in unmittelbarem Anschlusse an dieselbe den Bergbúa þ., den Kumlbúa þ., sowie den Anfang des Draumur Þorsteins Síðuhallssonar; überdiess liegt eine genaue Abschrift vor (AM. 475, 4to), welche Árni Magnússon eigenhändig von dem Bruchstücke genommen hatte, während dasselbe noch besser lesbar war als diess jetzt der Fall ist. Árni hatte beide Fragmente, das eine im Jahre 1716, das andere im Jahre 1721. von Ormur Daðason erhalten, was bereits den Gedanken nahelegt, dass dieselben ursprünglich zusammengehört haben könnten, und wirklich sollen nicht nur diese beiden Bruchstücke, sondern auch noch ein paar andere, gleichfalls in Addit. 20, fol. aufbewahrte, welche Stücke der Hólmverja s. und der Vígaglúma enthalten, durch ihre Schriftzüge sowohl als durch die von ihrem früheren Einbande herrührenden Spuren sich deutlich als Ueberreste einer und derselben Hs. erweisen. Aber darüber hinaus hat Guðbrandur meines Erachtens auch Das vollkommen überzeugend dargethan, dass diese sämmtlichen in AM. 564, A, 4to und Addit. 20, fol. aufbewahrten Fragmente ursprünglich einer noch ungleich umfassenderen Hs. angehört haben müssen, als sie selber erkennen lassen, eben jener Vatnshyrna nämlich, von welcher oben bereits die Rede war. Zu dreien verschiedenen Malen citirt Arngrímur lærði in seiner Crymogæa die Vatnshyrna, indem er zugleich einzelne Stellen derselben ausschreibt. Das erste seiner Citate (S. 62) wurde oben bereits mitgetheilt, und erwies sich als der Kjalnesinga s. entnommen; das zweite (S. 77) wurde ebenfalls bereits ausgeschrieben, und darf nunmehr als unzweifelhaft dem Eingangscapitel unserer þórðar s. entnommen bezeichnet werden, deren Benützung auch in den Angaben der Crymogæa über die Genealogie des þórður hreða, dann des Mióflarðar-Skeggi (S. 117—19 und 151—2) sich verräth, wie denn sogar ein offenbarer Schreibfehler unserer Sage (cap. 2, S. 95: Vemundardóttur jarðlokars, statt: orðlukars") bei Arngrím ohne Weiters widerkehrt. Endlich das dritte Citat des gelehrten Propstes (S. 113) ist unstreitig aus der Bárðar s. Snæfellsáss, cap. 1, S. 1, entlehnt, welche ja auch für die soeben angeführten Genealogien sich benützt zeigt; es wird gelegentlich der Besprechung eben dieses Halbriesen mitgetheilt, und wenn dasselbe mit dem Wortlaute der betreffenden Stelle in seiner Sage nicht völlig übereinstimmt, so ist darauf kein Gewicht zu legen, da wir ja bereits aus den früher beigebrachten Excerpten Arngríms wissen, wie wenig genau er sich an die Worte der von ihm benützten Quellen zu halten pflegte. Nach allem Dem muss man nun entweder annemen, dass Arngrímur in einem und demselben Werke zwei verschiedene Hss, deren eine die Kjalnesínga s., deren andere dagegen die Bárðar s. und die þórðar s. enthielt, mit einem und demselben Namen bezeichnet habe, oder aber zugeben, dass die eine von ihm als Vatnshyrna bezeichnete Hs. neben der ersteren auch noch die beiden letzteren Sagen enthalten habe, und zwar die þórðar s. nicht in der gewöhnlichen, sondern gerade in derjenigen Recension, in welcher unsere Fragmente sie enthalten. Da wir nun wissen, dass für den Codex Resenianus bereits ein halbes Jahrhundert nach Arngríms Tod der Name der Vatnshyrna feststand, und zugleich nachweisen können, dass dieser ebenso wie die Kjalnesínga s. auch die Eyrbyggja (S. 63), Laxdæla und Vatnsdæla (S. 102) anführt, und überdiess auch von der Hænsapóris s. sowohl (S. 75) als von der Flóamanna s. (S. 149—51) Kenntnis hatte, ja dass er auch mit der letzten unter den im Cod. Resen. enthaltenen Sagen, der Krókarefs s., wohl bekannt war, wie sich aus seiner handschriftlich erhaltenen Grönlandia entnemen lässt (vgl. Grönlands hist. Mindesm., III, S. 526), dürfen wir wohl mit Sicherheit annemen, dass er gerade diese Hs. benützt und mit demselben Namen bezeichnet haben werde, unter welchem sie dem Árni Magnússon und Anderen bekannt war, nur dass dieselbe zu seiner Zeit noch eine Reihe weiterer Sagen enthielt, als welche später in Resens Hand übergiengen und mit dessen Bibliothek verbrannten. Dazu kommt noch ein weiterer Grund. Am Schlusse der Flóamanna s. des Codex Resenianus (Fornsögur, S. 161) findet sich ein Geschlechtsregister, welches bis auf eben jenen Jón Hákonarson herabgeführt ist, welcher die oben bereits besprochene Flateyjarbók schreiben liess; andererseits aber giebt der Schluss der Þórðar s., wie ihn unsere Fragmente enthalten (S. 104—5), eine auf denselben Mann hinauslaufende, und ebenfalls mit ihm schliessende Stammtafel. Beide Sagen dürften hiernach ganz ebenso im Auftrage des Jón Hákonarson geschrieben sein, wie diess bei der Flateyjarbók nachweisbar der Fall war; dasselbe muss dann aber begreiflich auch für die übrigen Theile des Cod. Resen. einerseits und unserer Fragmente andererseits gelten, welche letzteren ihrer Schrift nach zu urtheilen ohnehin dem Schlusse des 14. oder Anfange des 15. Jhdts. angehören müssen (vgl. Jón Sigurðsson, in der Vorrede zu den Íslendínga sögur, II, S. XI; ebenda auch eine Schriftprobe), einer Zeit also, welche mit der Lebenszeit jenes Sagensammlers vortrefflich übereinkommt. Mit dem Cod. Resen. in gleichem Formate und zu gleicher Zeit geschrieben, mit ihm auf den gleichen Namen hin citirt und mit ihm in der gleichen Beziehung zu demselben Litteraturfreunde stehend, haben demnach unsere Fragmente sicherlich am Anfange des 17. Jhdts. mit ihm noch zu einer und derselben Hs. gehört, und sind erst später von ihm abgetrennt worden, wie es ja bekanntlich auch sonst nicht an Beispielen für die spätere Zerlegung ursprünglich einheitlicher Sammelhss. fehlt.[9]) — Reicht die handschriftliche Gewähr für unsere erste Recension hiernach bis ungefähr zum Jahre 1400. hinauf, so vermag ich bezüglich der zweiten (von mir als B. bezeichneten) Recension eine gleiche Begrenzung nicht zu gewinnen. Ihr Herausgeber nämlich erklärt zwar, dass er seiner Ausgabe zunächst ein als AM. 551, d, in 4to bezeichnetes Membranfragment zu Grunde lege, sowie eine als AM. 139, fol. bezeichnete Papierhs, welche er für eine im 17. Jhdte. von eben jener, damals noch vollständigen Membrane genommene Copie erklärt, und er führt ausserdem noch eine ziemliche Reihe von Membranen (AM. 152, fol., 471, 554, h, β, und 586, in 4to; dann Reg. 1003 und 1147) wie von Papierhss (AM. 163, b, fol. und 564, b, 4to; dann Rasks Saml. 27) als von ihm benützt an; über die Beschaffenheit aber und das

Alter dieser Hss. lässt uns sein Vorbericht völlig ohne Aufschluss, und auch in den Antiquités Russes, deren Bd. II, S. 315 die Sage erwähnt und ein kleines Stück derselben mittheilt, ist solcher nicht zu finden. Der Inhalt dieser Recension selbst zeigt indessen, dass dieselbe so wie sie uns vorliegt, zwar recht wohl bedeutend jünger, keinenfalls aber älter sein könne als die zweite Hälfte des 14. Jhdts. Gelegentlich eines Gebäudes nämlich, welches Þórður hreða gezimmert haben soll, heisst es in ihr (S. 42): „Stóð sá skáli allt til þess, er Egill biskup var at Hólum," und es kann hierunter nur Bischof Egill Eyjúlfsson verstanden sein, welcher den Stuhl zu Hólar in den Jahren 1331—41. inne hatte; da seine Zeit von dem Sagenschreiber als eine längst vergangene behandelt wird, ist es rein unbegreiflich, wie P. E. Müller (Sagabibliothek, I, S. 273) meinen konnte, die Sage könne nicht jünger als das 14. Jhdt., aber recht wohl älter sein, oder wie vollends in den Antiquités Russes, II, S. 316, gesagt werden mochte, dieselbe scheine aus dem 13. Jhdte. zu stammen, während doch hier wie dort nur deren Recension B. ins Auge gefasst wurde! — Suche ich aber aus inneren Gründen das Verhältniss der beiden Recensionen zu einander zu bestimmen, so zeigt sich sofort ein gar weites Auseinandergehen derselben. Das ganze Eingangscapitel von A. fehlt in B, und beginnt demnach diese Recension mit der Person des Þórður Hörðakárason, ganz wie dort cap. 2. Es weiss ferner B. von den Beinamen hreða und Ilísíngarskalli Nichts, welche A. diesem Þórður beilegt; — Nichts von einer zweiten Ehe des Mannes; — Nichts von dessen Kampfe mit dem Berserken Bárekur Brenneyjarfaxi, und sie lässt ihn denn auch an einer Krankheit, statt an der im Zweikampfe erhaltenen Wunde sterben. Ebensowenig weiss B. von dem Zweikampfe, durch welchen A. den jungen Þórð Þórðarson seinen Vater an Bárek rächen lässt, und wenn dieser den Beinamen hreða nach A. in frühester Kindheit und gewissermassen als ein väterliches Erbstück erhält, wird ihm derselbe nach B (S. 22) erst weit später auf Island von Miðfjarðar-Skeggi beigelegt. Freilich finden sich, von cap. 3 angefangen, zwischen hinein auch wider manche fast wörtliche Uebereinstimmungen zwischen beiden Ausgaben (vgl. z. B. cap. 3, S. 96 bei Guðbrand: „Allir vóru þeir brœðr hans — — er þar uxu upp henni samtíða," mit S. 3 bei Haldór: „Allir váru þeir miklir menn — — er þar uxu upp henni samtíða"), und in den folgenden Capiteln nimmt diese Uebereinstimmung vollends überhand; aber hierauf ist wenig zu geben, da unser Membranfragment von A. nicht über cap. 2 hinausreicht, und die Papierhss., wie bereits bemerkt, von hier ab A. mit B. (von AM. 486 ausdrücklich als „önnur saga" citirt!) zu verschmelzen suchen, so dass sich nicht mehr bestimmen lässt, wieviel von ihrem Inhalte bereits in A. gestanden, und wieviel einfach aus B. herübergenommen sein möge. Mit cap. 6, welches den Abschied des jungen Þórður von seinem königlichen Dienstherrn, des letzteren Tod, die Schlacht bei Storð und den Beginn der Regierung der Eiríkssöhne in Norwegen bespricht, hören vollends in jenen Papierhss. alle Spuren einer Benützung von A. auf, und hier beginnt somit die grosse Lücke in A, welcher in B. S. 5—56 entspricht. Der weitaus grössere Theil der Erzählung fehlt somit in A; aus dem erhaltenen, und zwar in einem Fragmente der Originalmembrane erhaltenen Schlusse dieser Recension lässt sich indessen ersehen, dass das in ihr Fehlende ganz anders beschaffen gewesen sein muss, als was wir in B. zu lesen bekommen. A. lässt nämlich (cap. 7, S. 99) den Þórð bei seinem Abzuge aus dem Miðfjörður über die Untreue mehrerer Anwohner desselben klagen, welche er genügend erprobt habe, und dabei den Börkur hinn gamli zu Barkarstaðir, den Svertingur zu Svertingsstaðir, die Söhne der Þorveig zu Steinsstaðir (doch wohl dieselben, welche nebst ihrer zauberkundigen Mutter auch in der Kormaks s., cap. 5, S. 38 und öfter auftreten), endlich den Grímur Skárason zu Skárastaðir im Austrárdalur nennen. Der Conflicte mit allen diesen Leuten musste natürlich in dem verlorenen Theile von A. Erwähnung geschehen sein; keiner von allen wird aber in B. auch nur genannt, und umgekehrt nimmt A. mit keinem Worte auf die Kämpfe mit Ásbjörn und Ormur, mit Özurr und Indriði Bezug, welche den grösseren Theil von B. erfüllen. Nicht minder geht endlich auch der Schluss der Sage in beiden Recensionen weit auseinander. Die Heirath freilich Þórð's mit der Ólöf zu Miklibær erzählt A. (cap. 7, S. 99—100) ebensogut wie B. (S. 56); ob aber diese letztere dort ebenso wie hier als Wittwe sich mit ihm verehelicht, lässt sich nicht erkennen, und jedenfalls scheinen die Vorgänge zwischen Beiden von beiden Recensionen in ganz verschiedener Verkettung vorgetragen gewesen zu sein, da in A. Kálfur und dessen Sohn Eyvindur bei der Ver-

heirathung der Ólöf ein Wort mitzusprechen haben, während diese nach
B. eine Tochter Hrolleifs, der den Hrolleifsdalur genommen hatte, und
die Wittwe des elenden Þorhallur war, aber in gar keiner Beziehung zu
Kálfur, der hier als Bauer zu Kálfsstaðir im Hjaltadalur; noch zu Eyvindur steht, welcher hier nicht als Kálfs Sohn, sondern als selbstständiger Bauer zu Ás in demselben Thale auftritt (S. 29 und 38). Von
dem gefährlichen Kampfe ferner, welchen Þórður nach B (S. 56—58)
mit Sörli hinn sterki zu bestehen hatte, dann von Ásbjörn's Heirath
mit Þórð's Schwester Sigríður, weiss A. kein Wort, und umgekehrt erwähnt B. (S. 58) nur ganz kurz der Reisen Eiðs, während A. bezüglich
ihrer etwas weitläufiger ist, und zumal der von Eið mit Eyvindur Kálfsson eingegangenen Verbindung gedenkt (cap. 8, S. 100); endlich erwähnt B. der Heirath Eið's sowohl als Eyvinds, welche A. ausführlich
bespricht, mit keinem Worte, und bricht sodann kurz ab, ohne der
weiteren Geschicke jenes ersteren oder seiner Nachkommenschaft irgend
zu gedenken, während A. diesen und verwandten Dingen noch ein paar
weitere Seiten widmet. — Ein engerer Zusammenhang besteht hiernach
zwischen beiden Recensionen jedenfalls nicht; das Bestehen entfernterer
Beziehungen derselben zu einander ist indessen dadurch nicht ausgeschlossen, und was sich über solche ermitteln lässt, erscheint für die
hier zu führende Untersuchung keineswegs ohne Bedeutung. Ich glaube
aber zunächst darauf Gewicht legen zu sollen, dass eine Reihe von
Spuren darauf hinweist, dass B. einer älteren Vorlage folgte, welche,
ohne mit A. zusammenzufallen, dieser Recension doch ungleich näher
stand als diess bei B. selber der Fall ist, und dass der Ueberarbeiter
diese seine Vorlage mit freiester Willkür umgestaltete. Einen äusseren
Anhaltspunkt für diese Annahme finde ich zunächst darinn, dass B. von
der Frau des Klyppur hersir als von der „Álöfu, dóttur Skeggja á
Yrjum" spricht (S. 5), während A. dafür richtig giebt „Ólöfu Ásbjarnar-
dóttur" (cap. 2, S. 95). Vergleicht man nämlich die Heimskringla,
Haralds s. gráfeldar, cap. 14, S. 121, wo es heisst: „Álof var Ásbjarnardóttir, systir Járnskeggja, norðan af Yrjum," so klärt sich jene verkehrte
Lesart sehr einfach auf; B. muss nach einer Vorlage geschrieben sein,
welche, A. näher stehend und doch davon verschieden, gelesen hatte
„Álöfu, dóttur Ásbjarnar, systur Járnskeggja á Yrjum," und fielen beim

Abschreiben nur durch ein Versehen die Worte „Ásbjarnar, systur Járn" aus! Aber auch aus dem Inhalte der Erzählung selbst lassen sich ähnliche Schlüsse ziehen. Auffällig ist z. B., dass Sigríður gleich im Eingange der Sage wegen ihres Geschickes in Handarbeiten gerühmt wird (S. 3), ohne dass später auf diese ihre Eigenschaft jemals zurückgekommen würde; dass König Gamli dem Þórð beim Abschiede ein Schwerdt schenkt mit der Mahnung es niemals wegzugeben, es sei denn um sein Leben zu lösen, und dass dieser dasselbe dann doch ohne alle Noth verschenkt, ohne dafür büssen zu müssen (S. 4, vgl. mit S. 12—13); dass einmal von einem Spiele die Rede ist, bei welchem sich die „Bæjarmenn" betheiligen (S. 10), während dasselbe doch in die Handlung in keiner Weise eingreift, und überdiess weder vorher noch nachher von einem Hofe Bær die Rede ist; dass ein andermal von einem ebenso unmotivirten als folgenlosen Zusammenstosse Þórð's mit Ásbjörn gelegentlich eines anderen Spieles erzählt wird (S. 15—16), u. dgl. m. In allen diesen Fällen liegt die Vermuthung nahe, dass eine Vorlage, in welcher diese isolirten Züge besser verwerthet gewesen waren, von einem Ueberarbeiter ungeschickt benützt worden sei. Schlimmer noch sind andere Verstösse. Nach S. 10 pachtet Þórður den Hof zu Ós für einen Winter; später aber, als er nach Miklibær heirathet, S. 56, überlässt er ihn seinen Brüdern wie wenn er ihm zu eigen gehörte. Nach S. 29 lässt Miðfjarðar-Skeggi, um ihn zur Rache anzureizen, dem Indriði den Tod seines Bundbruders Ormur anzeigen; auf S. 33 fragt aber hinterher Indriði noch, warum letzterer nicht versprochenermassen zu seinem Schiffe komme? Den Özurr Arngrímsson lässt B. auf S. 28 zu Grund, dagegen auf S. 34 und öfter zu Þverá wohnen, und ebenso setzt sie den Þórhall bald nach Miklibær, bald nach Ósland (S. 28, Anm. 4). In allen diesen Fällen hat somit der Sagenschreiber an der einen Stelle vergessen, was er an der anderen geschrieben hatte; auch diess erklärt sich aber am Einfachsten aus der Anname, dass er, eine ältere Vorlage überarbeitend, zwischenhinein doch wider zuweilen unbedachter Weise stehen liess, was die Consequenz gleichfalls zu ändern erfordert hätte. Widerum ist der Name Jón (S. 18) für einen isländischen Bauern aus der zweiten Hälfte des 10. Jhdts. eine reine Unmöglichkeit; der späteren Zeit dagegen war er allerdings so geläufig, dass er sogar in Rechtsformeln anstatt eines

blosen NN. eingestellt werden konnte (Njála, cap. 143, S. 233, 234 und
238; Árna biskups kristinréttur, cap. 1, S. 6). Kaum minder unmöglich
ist die doppelte Werbung Miðfjarðar-Skeggi's um die Sigríð, erst für
Ásbjörn und dann für dessen Bruder Ormur, während doch das frühere
Verlöbniss noch zu Recht bestand, und überhaupt ist der ganze Charakter
Skeggi's, um dem höheren Ruhme þórð's Plats zu lassen, in einer Weise
verzerrt, wie diess in keiner alten und unverfälschten Quelle der Fall
sein konnte. Auch der Verwandtschaftsnexus, welchen B. für diesen
vielbesprochenen Häuptling voraussetzt, ist allen anderen Quellen fremd;
nirgends sonst werden dessen Schwestern Sigríður und Jórunn, nirgends
deren Männer þorsteinn hvíti und Arngrímur, nirgends deren Söhne
Ásbjörn, Ormur und Ózurr genannt, und für das goðorð, welches der
letztere „um hinn efra hlut Skagafjarðar, ok út til móts við Hjaltasonu"
besessen haben soll (S. 28), gab es in der Wirklichkeit keinen Raum,
denn dort waltete dazumal das mächtige Geschlecht der Goðdælir
(Landnáma, V. cap. 15, S. 321; Kristni s., cap. 1, S. 4). Ebenso kann
þorhallur zu der Zeit, in welcher die Sage spielt, unmöglich zu Miklibær
gewohnt haben, denn dort sass dazumal der angesehene Häuptling Arnórr
kerlíngarnef (Ólafs s. Tryggvasonar, cap. 226; FMS., II, S. 225); überdiess erinnert þorhall's und seiner Frau Verhalten gegen þórð ganz
ebenso auffällig an das, was die Njála, cap. 149—53, S. 257—66 über
Björn hvíti und dessen Frau erzählt, wie die Partheiname Eiðs für þórð
gegenüber seinem eigenen Vater an die Erzählung der Hænsaþóris s.,
cap. 17, S. 184—5, und in weiterem Abstande an die der Ljósvetnínga
s., cap. 20, S. 66, anklingt, oder in den Worten Skeggi's: „rýta man
gölltrinn, ef gísinn er drepinn" (S. 20), die Reminiscenz an die Worte
König Ragnar's: „gnyðja mundu grísir, ef galtar hag vissi" (Ragnars s.
loðbrókar, cap. 15; FAS., I, S. 282), unverkennbar ist. Unwillkürlich
denkt man an eine Nachahmung älterer Werke, und diese sowohl als
jene Widersprüche mit dem geschichtlich Möglichen weisen auf die späte
Entstehung unseres dermaligen Textes, wenn auch nicht nothwendig auf
dessen Herkunft aus einer älteren Vorlage hin. Auch darauf ist Gewicht
zu legen, dass die Ermordung des Königs Sigurður slefa und die durch
dieselbe motivirte Auswanderung þórð's und seiner Brüder nach Island

in der Sage wesentlich anders erzählt wird als in den sämmtlichen übrigen Quellen. Während diese letzteren übereinstimmend den König zu Álreksstaðir bei Bergen erschlagen werden lassen, wird dort der Schauplatz der That nach den Hochlanden verlegt; der Dienstmann, welcher den König rächt, wird hier Hróaldur Ögmundarson genannt, während er in den übrigen Quellen bald Erlíngur gamli (Ágrip, Heimskríngla, Breve chronicon Norvegiæ), bald Sigurður gamli (Fagurskinna), bald Ögmundur Hörðakárason- heisst (Sigurðar þ. slefu); Ögmundur Valþjófsson, welchen unsere Sage ebenfalls der Rache zum Opfer fallen lässt, ist ihr ausschliesslich eigen, wenn man nicht etwa darinn eine Reminiscenz an jenen Vemundur völubrjótur sehen will, welchen die übrigen Quellen als Führer des Angriffes auf den König nennen; endlich weiss B. von einer Tochter Klypps, die nach mehreren anderen Quellen, und so auch nach A, nach Island hinübergezogen und dort zu einer ansehnlichen Heirath gelangt sein soll, nicht das Mindeste zu erzählen, und lässt vielmehr ausser Þórð selbst nur dessen Brüder Eyjúlf und Steingrím, sowie dessen Schwester Sigríð nach Island sich wenden.[10]) Endlich ist auch die Zeitrechnung in B. eine heillos verkehrte. Durch eine Reihe übereinstimmender Angaben der verschiedensten, geschichtlich völlig verlässigen Quellen lässt sich darthun, dass Miðfjarðar-Skeggi in der ersten Hälfte des 10. Jhdts. seine Rolle spielte, und um dessen Mitte bereits ein alter Mann war, dann dass sein Sohn Eiður spätestens um das Jahr 940. geboren sein musste[11]); andererseits wissen wir nicht minder bestimmt, dass K. Sigurður slefa im Jahre 964. oder 965. erschlagen wurde. Wie soll sich nun hiemit zusammenreimen, dass Þórður erst nach K. Sigurðs Tod nach Island gekommen, und dass doch dasumal Eiður noch ein Knabe, Skeggi aber „af hinu mesta reskuskeiði, en þó sem hraustastr til vápna" gewesen sein soll (S. 15), dass dieser ferner die lange Zeit hindurch, während deren seine Zerwürfnisse mit Þórð sich fortspinnen, stets als rüstigster Kämpfer auftreten kann? Aber gerade hinsichtlich dieser chronologischen Verwirrung lässt sich nachweisen, dass sie weder unlösbar noch ursprünglich ist. Sie ist nämlich lediglich dadurch bedingt, dass Þórð's Auswanderung nach Island mit der Ermordung K. Sigurðs in Verbindung gebracht wird; diese Verbindung aber ist weder für den inneren Zusammenhang der Sage we-

sentlich, noch auch, wie es scheint, von Anfang an in derselben gegeben
gewesen. Geschichtlich bezeugt ist zunächst nur die Existenz des þorkell
klyppur (wenn manche Quellen ihn nur Klyppur heissen, so ist eben in
ihnen, wie so oft, lediglich der Beiname an die Stelle des Hauptnamens
getreten), eines Sohnes des þórður Hörðakárason, die Existenz der Álöf
Ásbjarnardóttir, seiner Frau (Ólöf ist nur eine andere Schreibweise desselben Namens), sowie der Conflict beider mit K. Sigurð, welcher sowohl
diesem als dem þorkell das Leben kostete; geschichtlich bezeugt auch,
dass Einarr þveræríngur auf Island die Guðrún Klyppsdóttir heirathete,
und mit ihr einen Sohn erzeugte, welcher den Namen seines mütterlichen
Grossvaters trug.¹²) Aus diesen feststehenden Daten folgt nun selbst-
verständlich, dass Guðrún erst nach K. Sigurðs Tod nach Island hinüber-
gieng, aber ganz und gar nicht, dass þórður hreða, möge dieser nun als
eine geschichtliche Person zu betrachten sein oder nicht, mit ihr gleichzeitig hinüberfuhr; die geschichtlichen Quellen pflegen den Vemundur
völubrjótur an die Spitze des Angriffes auf den König zu stellen, und
jedenfalls nennt keine von ihnen hier oder sonst den þórð, die Ueberfahrt aber der Guðrún nach Island bringt überdiess der Sigurðar þ. slefu
in einen ganz anderen Zusammenhang. Böðvarr wird von ihm der Mann
genannt, welcher die Ólöf und Guðrún nach der Insel hinüberbringt,
und wenn zwar, was über dessen Persönlichkeit gesagt wird, manchem
Bedenken unterliegt¹³), so deutet diese Angabe doch jedenfalls darauf
hin, dass beide Weiber von keinem näheren Verwandten begleitet nach
Island kamen. Nichts steht demnach der Anname entgegen, dass þórður
hreða sich bereits viel früher hier nidergelassen, und dass gerade dieser
Umstand dessen Schwägerinn später bestimmt haben möge, mit ihrer
Tochter gerade nach Island sich zu flüchten; man möchte somit vermuthen, dass erst unsere Recension B. die in ihrer Vorlage auf einen
früheren Zeitpunkt gesetzte Einwanderung þórð's in jene spätere Zeit
verlegt, und zugleich die gesonderte spätere Ueberfahrt der Ólöf und
Guðrún beseitigt habe, wie solche dort ebenfalls noch erzählt gewesen
sein muss. Wirklich scheint mir der von Guðbrand herausgegebene Text
von Beidem noch sehr deutliche Spuren zu tragen. Die Membranfragmente von A. nennen nämlich bereits im Eingange der Sage die Guðrún,

und erwähnen an deren Schluss, dass Þórður sie dem Einar zur Ehe gegeben habe (cap. 2, S. 95 und cap. 9, S. 104); es muss demnach diese Redaction der Sage auch ihrer Ueberfahrt nach Island Erwähnung gethan haben, während B. von der Existenz dieser Tochter Klypps gar keine Notiz nimmt, und somit auch um ihre und ihrer Mutter Flucht sich nicht zu bekümmern brauchte. Ueberdiess lässt sich der schreiende Widerspruch, in welchem die chronologischen Angaben des cap. 5, S. 97 der Ausgabe Guðbrands unter einander stehen, nur durch die Annahme lösen, dass in den hier massgebenden beiden Papierhss. zwei durchaus unvereinbare chronologische Systeme zusammengeworfen worden seien, deren eines in A, und deren anderes in B. befolgt gewesen war. Nach Guðbrands Text soll zu der Zeit, da Þórður 12 Jahre alt war, K. Eiríkur blóðöx in Norwegen regiert haben, dessen Regierungszeit unzweifelhaft etwa den Jahren 930—35 zuzuweisen ist, und damals soll Þórður bei des Königs Sohn Gamli, der aber selber auch bereits den Königsnamen trug, in Dienst getreten sein. Wenig später sei Hákon Aðalsteinsfóstri ins Land gekommen, vor welchem Eiríkur nach England entweichen musste (um 935); drei Jahre lang sei dann Þórður bei Gamli geblieben, der ausser Lands der Heerfahrt obgelegen habe, und kurz nachdem er sich von K. Gamli verabschiedet habe, sei dieser gefallen, für welchen Vorgang doch die geschichtlichen Quellen erst etwa das Jahr 955 geben. Widerum wenige Jahre später sei dann K. Hákon gefallen, und sei in Folge dessen K. Haraldur gráfeldur sammt seinen Brüdern zur Regierung gelangt; aber auch dieser Wendepunkt wird von den geschichtlichen Sagen erst etwa dem Jahre 961 zugetheilt. Ungleich einfacher lauten die Angaben in B, S. 3—4. Nach ihnen regieren bereits K. Eiríks Söhne in Norwegen, als der 12jährige Þórður bei Gamli in Dienst tritt; auch hier währt sein Dienst drei Jahre, und fällt kurz nach deren Ablauf K. Gamli im Kampfe gegen Hákon, aber seine Brüder regieren nach wie vor im Lande fort, bis Sigurður slefa endlich seinen Tod findet. Die letztere Darstellung also führt zu dem ungereimten Ergebnisse, dass die Eirikssöhne zu der Zeit, da sie mit K. Hákon kämpften, als im Besitze von Norwegen befindlich gedacht werden müssen, was dann zur Folge hat, dass dieser letztere, der wirkliche Träger der Krone, mit vollständiger Umkehrung der geschichtlichen Ereignisse nun seinerseits die Rolle des ins Land einfallenden Heerkönigs übernemen muss; aber die Chronologie ist hier wenigstens eine einheitliche, in sich selbst wohl zusammenhängende, und frei von den oben gerügten Widersprüchen. Erinnern wir uns nun aber an das früher bereits besprochene Bestreben von AM. 486 und 564, die beiden Recensionen A. und B. zu einem Ganzen zu verschmelzen, so ist klar, dass wir aus Guðbrands Text nur Dasjenige auszuscheiden brauchen, was aus B. in denselben eingedrungen ist, um sofort auf das eigenthümliche chronologische System von A. zu kommen. Wurzelhaft muss aber in A. zunächst die Nachricht sein, dass K. Eiríkur in Norwegen regierte, als Þórður 12 Jahre alt war, und des letzteren Geburt, die nach B. ungefähr in das Jahr 940 zu setzen wäre, muss demnach um etwa 20 Jahre zurückverlegt werden. Dann kann es aber auch nicht Gamli gewesen sein, bei welchem der junge Mann Dienst nam, denn dieser war selbst zu der Zeit noch ein Kind, da sein Vater Norwegen verlassen musste, wie diess unsere Sage selber andeutet („en þegar synir hans höfðu þroska til, lögðust þeir í hernað") und die Hákonar s. góða, cap. 10, S. 89, offen ausspricht, indem sie noch von einer weit späteren Zeit sagt: „Gamli Eiríksson var þeirra nökkuru ellri, ok var hann þó eigi roskinn maðr"; vielmehr musste K. Eiríkur selbst als Dienstherr bezeichnet gewesen sein, welcher ja ebenfalls auf der Heerfahrt fiel, wie sein Sohn Gamli. So mag demnach Þórður nach A. bereits gegen das Jahr 940 nach Island gekommen sein, was zu Skeggi's Lebenszeit recht wohl passt, während freilich Ólöf mit ihrer Tochter sich erst um 965 eben dahin gewandt haben kann. Die Veränderungen aber, welche B. hinsichtlich der Chronologie, und damit zusammenhängend dann auch hinsichtlich gar mancher materieller Punkte an der ursprünglichen Redaction der Sage vornam, mögen vielleicht dadurch veranlasst gewesen sein, dass der Bearbeiter dieser Recension den Miðfjarðar-Skeggi in einzelnen jüngeren Sagen wirklich bereits in eine spätere Zeit herab versetzt fand, als in welcher derselbe eigentlich gelebt hatte, vielleicht aber auch, und wahrscheinlicher, dem blosen Bestreben ihr Dasein verdanken, die Erzählung auf einen kürzeren Zeitraum zu concentriren, und damit dramatischer abzurunden; die Willkür, mit welcher dabei geschichtliche Personen und Vorgänge behandelt werden, weist aber jedenfalls wider auf eine ziemlich späte Entstehungszeit für B, auf eine Zeit nämlich, da der romantische Geschmack bereits über den geschichtlichen entschieden den Sieg davon getragen hatte. — Aber wenn bereits aus dem Bisherigen erhellt, dass A. der ursprünglichen Gestalt der Saga ungleich näher gestanden haben müsse als B, so fehlt es doch nicht an Thatsachen, welche den Schluss begründen, dass auch diese Recension, so wie sie in der Vatnshyrna enthalten war, erst aus einer Ueberarbeitung jener ältesten Redaction derselben hervorgegangen sein könne. Klar ist zunächst, dass die Geschlechtsregister im letzten Capitel von A., welche bis auf Jón Hákonarson und Íngileif Árnadóttir, wie es scheint dessen Frau, herabführen, unmöglich älter sein können als die Vatnshyrna; aber auch abgesehen davon ist die Sage, so wie sie in dieser letzteren Hs. vorlag, augenscheinlich mehrfach interpolirt. Darauf zwar lege ich keinen Werth, dass in derselben einmal auf eine ältere Quelle Bezug genommen wird, unter welcher nur die Hákonar s. góða, cap. 26, S. 102 unserer Heimskringla gemeint sein kann; ein derartiges Citat konnte ja auch in einem Originale stehen, und da dasselbe, wiewohl in etwas abweichender Fassung, auch in B. sich findet (A., cap. 6, S. 98: „sem segir í æfi Noregs konúnga;" B., S. 5: „sem segir í sögum Noregs konúnga"), kann ja sogar bezweifelt werden, ob dasselbe nicht etwa blos aus dieser letzteren Recension in die von Guðbrand edirten Papierhss. gekommen sei. Aber ganz unzweifelhaft ist in cap. 8, S. 101—103 ein langes Stück aus der Laxdæla, cap. 57—58, S. 248—52, ausgeschrieben, welches die Begegnisse des þorkell Eyjúlfsson mit jenem Grímur erzählt, an welchem er den Tod eines Sohnes des Eiður rächen wollte. Der Recension B. ist diese ganze Erzählung völlig fremd, und an der Stelle, an welcher sie in dem Membranfragmente von A. steht, hat sie, in dieser Ausführlichkeit wenigstens, Nichts zu thun; da überdiess die Worte: „Björn var ok son hans, er þeir vógu, synir Helga frá Kroppi, Grímr ok Njáll," nicht aus der Laxdæla genommen sein können, soferne diese ebensowenig wie die Grettla, in deren cap. 62, S. 142, der Vorfall ebenfalls besprochen wird, den Namen des Erschlagenen kennt, und andererseits die in der Laxdæla ebensowenig enthaltenen Worte: „þorhallr Eiðsson átti tvo sonu, Skeggja ok Eið," die an jener erstern Stelle begonnene Aufzählung der Nachkommen Eiðs ohne Weiters fortsetzen, muss doch wohl angenommen werden, dass das ganze zwischen beiden

Sätzen in der Mitte liegende Stück, von den Worten „Njáll drukknaði" bis zu den Worten „verðr þó svo búit at vera," lediglich ein späteres, der genannten Quelle entnommenes Einschiebsel sei, welches in der ursprünglichen Redaction unserer Sage gefehlt habe. Ausserdem dürften aber auch einzelne Interpolationen der Landnáma entnommen sein, wiewohl es ungleich schwerer ist, deren Bestand mit Sicherheit nachzuweisen. Beide Recensionen unserer Sage berühren sich nämlich an einzelnen Stellen mit dieser Quelle in einer Weise, welche einen äusseren Zusammenhang mit derselben zu verrathen scheint; aber ob dabei eine Benützung der Landnáma gleich bei der ersten Aufzeichnung der þórðar s. anzunemen sei, oder erst eine spätere bei deren Ueberarbeitung, lässt sich nicht immer mit voller Bestimmtheit entscheiden. In B. könnte allenfalls der Bericht über die Herkunft des Miðfjarðar-Skeggi, sowie über die Art, wie derselbe in den Besitz des Schwerdtes Sköfnúngur gelangte, und dann wider die Bemerkung über den Grabhügel desselben Häuptlings aus einer uns verlorenen Recension der Landnáma geflossen sein;[14]) beide Notizen können aber recht wohl auch schon in dem ursprünglichen Texte der Sage gestanden haben, und wenn die letztere in A. nicht zu finden ist, so mag sie recht wohl erst bei der Ueberarbeitung dieses Textes gestrichen worden sein, während die erstere ohnehin in die grosse Lücke von A. fällt, also unbestimmbar ist, ob sie in dieser Recension enthalten war oder nicht. In A. dagegen berührt sich zunächst, was über den Stammbaum der Frau des älteren þórður hreða gesagt wird, mit der Landnáma; es heisst nämlich dort, cap. 2, S. 95: „hann fékk þá Helgu Vemundardóttur jarðlokars, þórólfssonar váganefs, Hrærekssonar slöngvanbauga, Haraldssonar hilditannar Danakonúngs," dagegen hier, V, cap. 1, S. 277: „Hrafn enn heimski hét maðr, son Valgarðs Vemundar sonar orðlokárs, þórólfs sonar váganefs, Hræreks sonar slaungvandbauga, Haralds sonar hilditannar Dana konúngs." Allerdings ist an der letzteren Stelle von keiner Helga die Rede, und es mag sein, dass diese von dem Bearbeiter der þórðar s. frischweg erfunden, und in den aus der Laudnáma entlehnten ansehnlichen Stammbaum eingeschaltet wurde; nicht bestimmen lässt sich überdiess, ob die Entlehnung bereits der ersten Redaction, oder erst einer Ueberarbeitung der Sage angehöre. Ferner kommt cap. 8, S. 100—101 in A. in Betracht, eine Stelle, zu welcher B. ebensowenig eine Parallele bietet, wie zu jener ersteren. Auf die Frage, wohin er seine Brautwerbung richten wolle, antwortet hier Eyvindur Kálfsson: „Eyjúlfr heitir maðr, er býr norðr í Ólafsfirði, á Gunnúlfsstöðum, son Þorbjarnar Þjóts ór Sogni. Eyjúlfr vá Vègeir, föður Vèbjarnar Sygnakappa; hann á Þá konu, er Gróa heitir, dóttir Þorvarðs frá Urðum; Þau eiga IIII. börn; synir Þeirra eru Þeir Steinúlfr, Þórir ok Þorgrímr, en dóttir Þeirra heitir Þórarin, kvenna bezt ment, hennar vil ek fá mèr til handa." In der Landnáma aber liest man, III, cap. 11, S. 203: „Gunnólfr enn gamli, son Þorbjarnar Þjóta (Þjóz, Hauksbók; Þjótz, jüngere Melabók) or Sogni; hann vá Vegeir, föður Vebjarnar sygnakappa, ok for siðan til Íslands; hann nam Ólafsfjörð fyrir austan upp til Reykjaár, ok út til Vomúla, ok bjó á Gunnólfsá. Hann átti Gró, dóttur Þorvarðs frá Urðum; Þeirra synir voru Þeir Steinólfr, Þórir (fehlt in der Hauksbók) ok Þorgrímr" (Arngrímr, in der jüngeren Melabók, doch mit einer Parenthese „Þorgrímr," und der Bemerkung „annarr"). Keinem Zweifel kann unterliegen, dass in der letzteren Stelle die Quelle der ersteren vorliegt, und dringend wahrscheinlich ist, dass deren Benützung erst auf einen späteren Ueberarbeiter der Sage zurückzuführen ist; da nämlich weder von Eyjúlfur, noch von Gróa, noch von einem ihrer Söhne in der Sage ein Wort weiter gesprochen, und auch von Eyvindur und Þórarna Nichts weiter erzählt wird, als dass sie zu Ósland wohnten und eine zahlreiche Descendenz hinterliessen, ist die Aufname der ganzen Stelle eine so evidente Ungeschicklichkeit, wie sie höchstens einem Interpolator der Sage, keinenfalls aber dem Verfasser einer solchen zuzutrauen sein möchte. Aber auch darüber kann kein Zweifel bestehen, dass die Benützung der Landnáma durch den Interpolator eine höchst leichtfertige und zugleich willkürliche war. Dass er Eyvind's Schwiegervater Eyjúlf statt Gunnólf, und dass er dessen Hof nicht Gunnólfsá, wie er bis auf den heutigen Tag noch heisst, sondern Gunnólfsstaðir nannte, zeugt für seine Nachlässigkeit; die Tochter Þórarna aber, welche er dem ersteren beilegte, während sie in allen Recensionen der Landnáma fehlt, erweist die schrankenlose Willkürlichkeit seines Verfahrens, denn diese hat er augenscheinlich erfunden, um für die beabsichtigte Heirath Rath zu schaffen. Aber noch ein anderer Punkt will beachtet sein. Die Form „Þorbjarnar Þjóts" zeigt nämlich, dass unser Interpolator nicht die eigentliche Landnáma, die Nennung des Þórir, dass er nicht die Hauksbók, der Name Þorgrímur endlich, dass er auch nicht die Melabók benützt haben konnte, so wie sie sèra Þórður bei der Herstellung seiner Compilation zur Hand hatte, und diese Beobachtung gewinnt noch an Bedeutung, wenn wir bemerken, dass auch an jener anderen, vorhin besprochenen Stelle der Text der Melabók, und zwar auch in dem insoweit uns erhaltenen Membranfragmente, von dem der Hauksbók und eigentliche Landnáma wesentlich abweicht, welchem letzteren hier unsere Sage folgt.[15]) Sehr auffällig ist ferner die Landnáma in cap. 8, S. 101 benützt. Es heisst hier: „fór Eiðr suðr til Borgarfjarðar bónorðsför til Grímsgils; þar bjó sá maðr, er Grímr hèt ok átti þá dóttur, er Ingibjörg hèt; hennar fèkk Eiðr. Brœðr Íngibjargar vóru þeir Þorgils auga á Augastöðum, ok Hrani á Hranastöðum, faðir Stafngríms, er bjó á Stafngrímsstöðum; þat heitir nú á Sigmundarstöðum. Segja þat sumir menn, at Eiðr ætti aðra konur (lies: konu) síðar. Eiðr átti mörg börn; Þorhallr hèt son hans, Eysteinn ok Illhugi. Björn var ok son hans, er þeir vógu, synir Helga frá Kroppi, Grímr ok Njáll." Dazu halte man nun die Landnáma, I, cap. 21, S. 62: „Grímr hèt maðr, er nam land it syðra upp frá Giljum til Grímsgils, ok bjó við Grímsgil; hans synir voru þeir Þorgils auga á Augastöðum, ok Hrani á Hranastöðum, faðir Gríms, er kallaðr var Stafngrímr; hann bjó á Stafngrímsstöðum; þar heitir nú á Sigmundarstöðum; þar gagnvart fyrir norðan Hvítá við sjálfa ána er haugr hans; þar var hann veginn. Þorkell kornamúli nam ás enn syðra upp frá Kollslæk til Deildargils, ok bjó í Ási; hans son var Þorbergr kornamúli, er átti Álöfu elliðaskjöld, dóttur Úfeigs ok Ásgerðar, systur Þorgeirs gollnis; börn þeirra voru þau Eysteinn ok Hafþóra, er átti Eiðr Skeggjason, er síðan bjó í Ási; þar dó Miðfjarðar-Skeggi, ok er þar haugr hans fyrir neðan garð. Annarr son Skeggja var Kollr, er bjó at Kollslæk. Synir Eiðs voru Eysteinn ok Illugi"' (die eigentliche Landnáma fügt bei „ok", und lässt sofort die folgende Zeile leer; die anderen Recensionen dagegen deuten nicht an, dass Etwas fehle). Die Vergleichung beider Stellen kann darüber keinen Zweifel lassen, dass A. hier die Landnáma ausgeschrieben hat: sie zeigt aber auch, dass die dabei benützte Recension dieser Quelle von den uns erhaltenen mehrfach abgewichen sein, muss. Einmal nämlich hat A. da, wo unsere Texte eine Lücke zeigen oder verhüllen, offenbar den Namen þórhalls, und vielleicht auch noch jene Notiz über Eiðs vierten Sohn, Björn, gefunden, dessen Name sonst nirgends nachweisbar ist; sodann aber muss in der benützten Recension offenbar ein Theil der obigen Stelle gefehlt haben, nämlich Alles was zwischen den Worten „þar gagnvart", oder doch „þorkell kornamúli" und den Worten „ok Hafþóra" eingeschlossen ist. Nur unter dieser Voraussetzung begreift sich, dass der Schreiber von A. die Worte „er átti Eiðr Skeggjason" auf eine Tochter des unmittelbar zuvor genannten Grímur bezog, für welche er sofort, weil deren Name ihm ausgefallen schien, den Namen Íngibjörg erfand; dass er ferner, weil er in der Landnáma, III, cap. 1, S. 170, oder in der Bárðar s. Snæfellsáss, cap. 11, S. 23, die Hafþóra þorbergsdóttir als Eiðs Frau genannt fand, die ausdrückliche Bemerkung einzuschieben sich gedrungen fühlte, dass dieser nach anderen Berichten noch eine andere Frau gehabt habe. Unwillkürlich wird man an ein ganz änliches Versehen erinnert, dessen sich einmal die ältere Melabók schuldig macht, indem sie, das Fehlen eines ganzen Blattes in ihrer Vorlage übersehend, fortführt wie wenn gar keine Lücke in ihrem Texte vorläge (vgl. Íslendínga sögur, I, S. 347, Anm. 2). Aber noch ein anderer, und ungleich wichtigerer Umstand erinnert an diese Hs. In cap. 8, S. 103—104, setzt nämlich A. den Stammbaum des þórhallur Eiðsson bis auf den Abt þorsteinn bölloéttur zu Helgafell herab fort, einen Sohn eben jenes Mela-Snorri und jener Helga, auf welche die Melabók auch ihrerseits ihre Geschlechtsregister herabzuführen liebt, und wenn zwar die Glieder jenes Stammbaumes nur theilweise in unserer jüngeren Melabók sich nachweisen lassen (vgl. zumal Landnáma, III, cap. 1, S. 170, und cap. 16, S. 222, Anm. 6; dann V, cap. 11, S. 309), so dürfen wir doch immerhin vermuthen, dass auch der Ueberrest aus deren älterer Quelle stammen werde, da wir ja nicht die mindeste Garantie dafür haben, dass sèra þórður Jónsson die ältere Melabók vollständig benützt, ja dass er sie auch nur vollständig besessen habe, und da andererseits keine andere Recension der Landnáma den Stammbaum des þórhallur Eiðsson bis auf Markús á Melum herabführt, oder die Ascendenz der Helga Kotilsdóttir aufzählt, als die einzige jüngere Melabók. Beachten wir aber, dass die ebenfalls einer uns nicht mehr erhaltenen Recension der Landnáma entnommenen Angaben über Eið's Heirath und Söhne mit jener Geschlechtstafel ursprünglich im engsten Zusammenhange gestanden waren, welcher nur durch die oben besprochene, aus der Laxdæla entlehnte Interpolation unterbrochen wurde, so lässt sich kaum bezweifeln, dass hier wie dort gleichmässig die Melabók zu Grunde liege. Von hier aus aber eröffnet sich uns sofort ein weiterer Einblick in die Geschichte unserer Sage. Offenbar haben wir nämlich hinsichtlich der Benützung älterer Quellen für deren Recension A. mindestens eine zweifache Stufe anzunemen, und zwar gehört der früheren unzweifelhaft die Benützung der Melabók für den Bericht über Eiðs Heirath und die Stammtafel seiner Descendenz bis auf Abt Þorstein herab, der späteren dagegen das auf Jón Hákonarson und Íngileif Árnadóttir herabführende Geschlechtsregister und die der Laxdæla entnommene Interpolation an; die auf Gunnólf im Ólafsfjörður bezügliche Einschaltung dürfte ebenfalls auf diese letztere Stufe zurückzuführen sein, theils um ihrer Rohheit willen, theils aber auch aus dem anderen Grunde, weil für sie nicht die Melabók, sondern irgend eine andere Recension der Landnáma benützt worden zu sein scheint, und vielleicht dürfte sogar hinsichtlich des Stammbaumes der Helga Vemundardóttir dasselbe gelten. Die zweite Stufe weist dabei durch ihre Stammtafel ziemlich deutlich auf den Schreiber der Vatnshyrna, und damit ungefähr auf das Jahr 1400 hin; bezüglich der ersteren dagegen, und damit bezüglich der Entstehungszeit und des Entstehungsortes jener älteren Vorlage, welche der Schreiber der Vatnshyrna copirte und interpolirte, lässt sich wenigstens eine einigermassen wahrscheinliche Vermuthung wagen. Das dieser Vorlage angehörige, und ursprünglich wohl deren Schluss bildende Geschlechtsregister schliesst nämlich, wie schon bemerkt, mit „Þorsteinn böllótr, er var ábóti at Holgafelli"; da der als verstorben bezeichnete Abt nach den Annalen in den Jahren 1350—53 starb, ist damit die Entstehung jener Vorlage mit voller Bestimmtheit der zweiten Hälfte des 14. Jhdts. zugewiesen. Daraus aber, dass dieses Geschlechtsregister gerade auf den Abt Þorstein herabgeführt wird, während doch in unserer Sage nicht der mindeste Grund hiezu vorliegt und auch zu dem Hause des Jón Hákonarson keinerlei Beziehungen desselben ersichtlich sind,

dass ferner keinerlei andere, mit ihm gleichzeitige Angehörige seines
Hauses neben ihm in demselben genannt werden, möchte man schliessen,
dass jene ältere Redaction der Sage nicht allzu lange nach þorsteins Tod
von einem Conventualen des Klosters zu Helgafell geschrieben sein
möchte, und wenn diess letztere zunächst allerdings nur eine ziemlich
lose Vermuthung ist, so fehlt es doch nicht an Gründen, die sich zu
deren Bestärkung anführen lassen. In dem uns erhaltenen Fragmente
der Vatnshyrna folgt wie oben bemerkt unmittelbar auf den Schluss
der þórðar s. der Bergbúa þ. und dann der Kumlbúa þ.; dieser letztere
aber beginnt, S. 129, mit folgenden Worten: „þorsteinn þorvarðsson
mágr þorfinns á Bakka er átti Helgu þorgeirsdóttur systur ábóta." Nun
wissen wir aus der Sturlúnga, II, cap. 32, S. 94, dass eine gewisse
Helga þorgeirsdóttir lánghöfða in zweiter Ehe einen þorstein þorvarðsson
zum Manne hatte, und aus der Melabók, mit welcher theilweise auch
die Hauksbók übereinstimmt (Landnáma, II, cap. 25, S. 137, Anm. 4),
dass ein Sohn des þorgeirr lánghöfði, also ein Bruder jener Helga, þorfinnur hiess und der zweite Abt von Helgafell war, derselbe welcher
nach den Annalen und der Guðmundar biskups s., cap. 67, S. 507, im
Jahre 1216 starb. Die Identität der Personen ist hiernach vollständig
gesichert; aber auch das wird man kaum bezweifeln wollen, dass þorfinnur
von keinem anderen Schreiber als von einem Angehörigen seines eigenen
Conventes ohne Nennung seines Namens oder Klosters einfach als „Abt"
bezeichnet werden konnte. Bedenkt man nun noch, dass der Kumlbúa
þ. und Bergbúa þ. lediglich ein paar kurze und wenig bedeutsame Spukgeschichten erzählen, welche in der Gegend von Reykjanes und dem
Djúpifjörður spielen, einer Gegend also, welche von Helgafell nur durch
den vielbefahrenen Breiðifjörður getrennt ist, so ist die Vermuthung
doch wohl kaum zu gewagt, dass beide Erzählungen sammt der ihnen
vorhergehenden þórðar s., ja vielleicht sogar auch der dieser wider
vorangehenden Bárðar s. Sumfellsáss, welche ja ebenfalls durchaus am
Breiðifjörður localisirt und ebenso wie die þórðar s. mit Citaten aus
der Landnáma gespickt ist, einer im Kloster zu Helgafell geschriebenen
Vorlage nachgeschrieben sein möchten. Aber auch diese zu Helgafell
entstandene Recension der Sage dürfte noch nicht deren erste Aufzeichnung gewesen sein. Die Recension B. setzt nämlich ihrerseits klärlich

eine Vorlage voraus, welche wesentlich kürzer war als die, welche uns
in A. vorliegt, und welche dann erst durch zwei selbststäudige Ueberarbeitungen einerseits zu der Gestalt von A. und andererseits zu der
von B. erweitert wurde. Streicht man zumal aus dem Schlusse von A.
die Stammtafeln des Abtes þorsteinn sowohl als des Jón Hákonarson
und der Íngileif, ferner alle andern, sei es nun der Landnáma oder der
Laxdœla entnommenen Interpolationen, und beseitigt man andererseits
auch aus B. die Begnung þórð's mit Sörli, welche sich offenbar nur an
den auch in A. erzählten Hausbau zu Hrafnagil arabeskenartig angeschlossen hat, so bleibt in der That beiderseits nur ein gemeinsamer,
aber auch nur ein sehr knapper Inhalt übrig. Der Fluch sowohl als
der Segen, welchen þórður nach A., cap. 7, S. 99, bei seinem Abzuge
aus dem Miðfjörður in eigenthümlich detaillirter Weise über diesen ausspricht, und welcher, wenn auch nur in sehr abgeschwächter Gestalt,
auch noch in B, S. 22 und 59, nachklingt, weist dabei unverkennbar
auf einen Verfasser hin, welcher diese Gegend genau kannte, ihr aber
gerade nicht besonders wohl wollte; er lässt aber zugleich auch erkennen, dass selbst die erste Aufzeichnung unserer Sage kaum vor dem
Anfange des 14. Jhdts. enstanden sein kann. Vielleicht liesse sich aus
dem Wunsche, dass der Landungsplatz im Miðfjörður unzugänglich werden
möge, eine genauere Zeitbestimmung gewinnen, wenn erst die Urkunden
des 14. Jhdts. zugänglich gemacht wären; schon jetzt aber lässt sich
daraus, dass eine gelegentlich gebrauchte Redewendung sichtlich der
dem Ende des 13. Jhdts. angehörigen Njála entlehnt ist (vgl. þórð's
Worte: ,,fagr ertu þó, Miðfjörðr", in A. mit dem bekannten Ausrufe
Gunnars: ,,fagr er hlíðin svá at mèr hefir hon alldri jafnfögr sýnz", in
der Njála, cap. 76, S. 112), dann aus dem Wunsche, dass kein im
Miðfjörðr Aufgewachsener dort gehängt werden solle, im Zusammenhalte
mit der Thatsache, dass erst die Járnsíða und die Jónsbók die Todesstrafe in das isländische Recht brachten, auf jene spätere Entstehungszeit
der für A. und B. gemeinsamen Vorlage ein Schluss ziehen. Zu genau
demselben Ergebnisse führt aber auch eine eingehendere Erwägung der
ganzen Grundanlage der Sage. Keine von allen unseren geschichtlichen
Sagen kennt neben þorkell Klyppur noch einen weiteren Sohn des þórður
Hörðakárason; vielmehr scheinen sie umgekehrt alle geradezu die Nicht-

existenz von solchen vorauszusetzen, da sie bei K. Sigurðs Ermordung den þorkel von keinen Brüdern unterstützt zeigen. Keine einzige Quelle ausser unserer Sage, selbst nicht die so spät geschriebene Hauksbók, nennt ferner einen þórður hreða unter den Einwanderern in Island, und nur von der Guðrún Klyppsdóttir, aber von keinem anderen Angehörigen ihres Hauses lassen sich daselbst Nachkommen aufweisen. Dazu kommt, dass nicht nur das ganze Geschlecht des Hörðakári, wie Guðbrandur Vigfússon treffend ausgeführt hat (Um tímatal, S. 254—55, und öfter; vgl. auch Munch, norwegische Geschichte, I, S. 576—77), lediglich der Sagenzeit angehört, und ebendarum jeder chronologischen Einregistrirung sich entzieht, sondern dass auch insbesondere þórður hreða selbst eine durchaus sagenmässige Figur ist. Er ist nach A, cap. 9, S. 104, „enn hagasti, bæði á tré ok járn", und es heisst von ihm: „hann smíðaði skála at Hrafnagili, þann er enn stendr í dag, ok mörg stór hús önnur á Íslandi, þau er eptir eru vel standandi"; B. aber lässt ihn neben dem Gebäude in Hrafnagil insbesondere noch ein zweites zu Flatatúnga und ein drittes zu Höfði í Höfðahverfi zimmern (S. 42 und 58), für sich selbst ein grosses Schiff bauen (S. 8), und durch seine Kunst rasch ein reicher Mann werden (S. 56). Arngrímur Jónsson bezeugt in seiner Crymogæa, S. 119, dass man noch zu seiner Zeit auf Island Schnitzwerk zeigte, mit welchem er das Gebälke einzelner Häuser verziert habe, und sogar Jón Ólafsson aus Grunnavík († 1778) erzählt noch, dass man bei seinen Lebzeiten in seiner Heimat solches zu besitzen meinte (vgl. Müller, Sagabibl., I, S. 273—4). Ganz wie sein älteres Vorbild, Wieland der Schmid, mit welchem ihn bereits Guðbrandur verglichen hat (ang. O., S. 195), wird þórður hreða überdiess auch noch als ein tüchtiger Schwimmer und tapferer Kämpfer geschildert; manche schlagfertige Weise wird ihm in den Mund gelegt, und er gilt sowohl als der Zukunft kundig als auch befähigt, durch Fluch oder Segenspruch zauberkräftig auf sie einzuwirken, u. dgl. m. Deutet nun schon diese mythische Haltung seiner eigenen Persönlichkeit auf eine ältere Sagenzeit zurück, so darf auch nicht unbemerkt bleiben, dass þórð's Name und Beiname nach A. auch schon dessen Vater zukam, und dass auch von diesem, einem auch in anderen und verlässigeren Schriftwerken genannten Manne, hier bereits ein änliches Heldenstücklein erzählt wird, wie später von

seinem gleichnamigen Sohne; da endlich selbst diesem älteren Þórður
hreða nur in der Recension A. unserer Sage, und in keiner anderen
Quelle dieser Beiname beigelegt wird, und da selbst jene für ihn noch
einen zweiten, ganz unmythischen Beinamen, Hísíngarskalli, kennt, so
darf man vielleicht noch weiter gehen, und annemen, dass auch er noch
nicht der ursprüngliche Sagenheld gewesen sei, sondern dass nur, was
ursprünglich von einem weit älteren ond durchaus mythischen Þórður
hreða erzählt worden war, später auf ihn, übrigens eine völlig geschichtliche Persönlichkeit, und hinterher dann wider in dritter Linie auf einen
angeblichen Sohn desselben übertragen worden sein werde, welcher auf
Island eigens zu dem Ende erfunden worden war, um als Träger jener
älteren, der norwegischen Heldensage angehörigen Ueberlieferungen nach
deren Umkleidung in ein neueres, national-isländisches Gewand dienen
zu können. Erinnert man sich daran, dass B. ausdrücklich bemerkt,
das von Þórð gezimmerte Gebäude zu Flatatúnga sei zur Zeit des
Bischofs Egill noch gestanden, so liesse sich allenfalls die Vermuthung
wagen, dass das für A. und B. gemeinsame Original bei dessen Lebzeiten
oder kurz nach dessen Tod geschrieben, und eine in ihm enthaltene
Bemerkung über jenes Gebäude in jene letztere Recension nur in ge-
änderter Wortfassung übergegangen sein möge; wir hätten solchenfalls
die erste Abfassung unserer Sage etwa der Mitte des 14.·Jhdts. zuzuweisen, was sowohl zu ihrem durchaus unhistorischen Charakter, als
auch zu der anderen Annahme vollkommen wohl passt, dass dieselbe in
der zweiten Hälfte desselben Jhdts. zu Helgafell nochmals überarbeitet
worden sei, ehe sie, um das Jahr 1400, die Gestalt empfieng, welche
sie nunmehr in A. zeigt.

Wende ich mich nun nach dieser langen Abschweifung zu dem
Eingangscapitel unserer Sage nach der Recension A. zurück, so kann
es nicht mehr schwer halten, dessen Ursprung ins Klare zu bringen.
Da nämlich durch das Bisherige bereits festgestellt ist, dass bei der
Herstellung dieser Recension nicht nur die Landnáma überhaupt, sondern
auch speciell diejenige Redaction derselben benützt worden ist, für welche
wir den Namen der Melabók gebrauchen, so könnte es in keiner Weise
auffallen, wenn sich etwa ergeben sollte, dass auch deren Eingangscapitel
aus eben dieser Quelle geflossen sei, und in der That scheint diese Her-

kunft desselben sich darthun zu lassen. Dass zunächst das ganze Mittelstück dieses Capitels, und damit dessen weitaus grösserer Theil in allen charakteristischen Punkten mit jenem Anhange zu der jüngeren Melabók übereinstimmt, welchen wir als aus der älteren Melabók entnommen betrachten durften, ist oben bereits bemerkt und nachgewiesen worden; aber auch der Anfang und der Schluss des Capitels scheinen sich mit ziemlicher Sicherheit auf dieselbe Quelle zurückführen zu lassen. Es liest nämlich die eigentliche Landnáma in III, cap. 16, S. 219: „Helgi gaf þóru, dóttur sína, Gunnari, syni Úlfljóts, er lög hafði út, ok land upp frá Skjálgdalsá til Háls; hann bjó í Djúpadal; þeirra börn voru þau þorsteinn, Ketill ok Steinmóðr, en dætr Yngvildr ok þorlaug"; die Hauksbók dagegen giebt zwar den letzteren Satz etwas andera, indem sie liest: „þeirra börn voru þau þorsteinn ok Steinólfr ok Yngvildr", folgt aber im Uebrigen wesentlich dem gleichen Texte. Allerdings nennt hiernach die erstere Recension neben Ketil, von welchem die þórðar s. allein weiss, noch eine Reihe anderer Kinder Gunnars, und die letztere lässt sogar unter diesen gerade Ketils Namen aus, sodass die Hauksbók keinenfalls, und die eigentliche Landnáma schwerlich die Quelle von A. gewesen sein kann. Aber die jüngere Melabók fügt, während sie im Uebrigen dieser letzteren folgt, in Parenthese die Notiz bei: „En Landnáma segir þóru hafi heiman fylgt Djúpadalslönd, á milli Skjálgdalsár ok Háls," welche, da sie der Hauksbók wie der eigentlichen Landnáma fremd ist, doch nur der älteren Melabók entnommen sein kann; warum sollte aber deren Wortfassung, wenn diese doch einmal erwiesenermassen eine andere war als die jener beiden Recensionen, nicht auch in dem hier fraglichen Punkte mit dem Wortlaute der þórðar s. sich berührt haben können? Die Stammtafel ferner des alten Königs Hrólfur í Bergi, welche den Eingang von A. bildet, läuft bis Örn hyrna einheitlich herunter, führt aber von diesem ab einerseits zu þorleifur miðlúngur und dessen Sohn Böðvarr hvíti, andererseits aber auch zu Hörðakári und dessen Kindern herab, unter denen in A. sowohl þórður hreða, der Vater des gleichnamigen Helden der Sage, als þóra, die Mutter Úlfljóts, sammt drei weiteren Brüdern, þorleifur spaki, Ölmóðr gamli und Ögmundur, genannt werden. Dem gegenüber führt nun einerseits eine bereits mitgetheilte Stelle der Landnáma, nämlich IV, cap. 7,

S. 255—6, gelegentlich der Besprechung der Einwanderung des Böðvarr hvíti den Stammbaum von Hrólfur í Bergi bis auf diesen herab, und zwar im Wesentlichen in allen Recensionen gleichlautend; andererseits aber bringt nicht zwar die eigentliche Landnáma, aber doch die Hauksbók und mit ihr die jüngere Melabók an einer zweiten, ebenfalls bereits mitgetheilten Stelle, IV, cap. 7, S. 257, Anm. 15, gelegentlich der Besprechung Úlfljóts auch die Geschlechtsreihe von Örn hyrna ab bis zu þóra und þorleifur spaki herab bei. Einzelne Abweichungen, welche zwischen der ersteren Stelle der Landnáma und unserer þórðar s. in Bezug auf einige ältere Glieder der Stammtafel bestehen, dürfen um so mehr als unerheblich gelten, als es sich dabei vorwiegend nur um irrthümliche Lesarten handelt, und überdiess die jüngere Melabók dabei mehr der eigentlichen Landnáma und der Hauksbók, als der älteren Melabók zu folgen scheint[16]; auffälliger ist dagegen, dass drei von den Söhnen Hörðakári's, welche unsere Sage nennt, und deren Descendenz sie zum Theil sogar aufführt, in der Landnáma überhaupt sich nicht, oder so gut wie nicht, nachweisen lassen, nämlich Ölmóður gamli, Ögmundur und þórður hreða der Aeltere. Sehen wir von þórður hreða dem Jüngeren und seinen Brüdern völlig ab, die wir ja ohnehin bereits als lediglich erdichtete Persönlichkeiten erkannt haben, und verzichten wir überdiess darauf, die chronologischen Schwierigkeiten entwirren zu wollen, auf welche wir überall stossen, wo wir mit den älteren Gliedern des Hauses des Hörðakári zu thun bekommen[17], so finden wir freilich auch in Bezug auf jene Zweige derselben die Stammtafel der þórðar s. durch die geschichtlichen Quellen bestätigt. Die Heimskringla zunächst, in ihrer Ólafs s. Tryggvasonar, cap. 60, S. 173, berichtet, zum Theil wörtlich an jene anklingend: „Menn þeir váru á Hörðalandi margir ok göfgir, er konnir váru af ætt Hörðakára. Hann átti fjóra sonu; einn var þorleifr spaki, annarr Ögmundr faðir þórólfs skjálgs, föður Erlíngs af (Variante: á) Sóla, þriði var þórðr faðir Klypps hersis, er drap Sigurð slefu Gunnhildarson; fjórði Ölmóðr faðir Áskels, föður Ásláks fitjaskalla. þessi ættbogi var þá mestr ok göfgastr á Hörðalandi." Die ausführlichere Ólafs s. Tryggvasonar, cap. 143 (FMS., I, S. 287; ebenso Flbk, I, S. 287) folgt dieser Stelle, giebt aber dabei, ebenso wie unsere þórðar s., dem Ölmóð den Beinamen „hinn gamli"; wenn ferner zwar die weitere Nachkommenschaft des Áslákur fitjaskalli hier unberücksichtigt bleibt, so lässt sich doch auch sie aus anderen Geschichtsquellen nachweisen. Aus der Geschichte des heil. Ólafs ist bekannt, dass Áslák im Jahre 1028, gleichzeitig mit seinem Stammesvetter Erlíngur Skjálgsson, fiel; einen Sveinn bryggjufótur, der zwar meines Wissens nirgends ausdrücklich als dessen Sohn bezeichnet wird, welcher diess aber der Zeit wie seinem ganzen übrigen Verhalten nach recht wohl sein konnte, finden wir im Jahre 1034 genannt (Theodoricus Monachus, cap. 21, S. 330; legendarische Ólafs s. ens helga, cap. 102, S. 75; Ágrip af Noregs konúnga sögum, cap. 28, S. 401; Morkinskinna und Hrokkinskinna, in den FMS. VI, S. 19, und besser in den Antiquités Russes, II, S. 14; Magnúss s. góða der Flbk, III, S. 261). Ein zweiter Mann desselben Namens tritt ferner unter K. Magnús berfætti (1093—1103) auf, von welchem bereits Munch bemerkt hat (Norwegische Geschichte, II, S. 490, Anm. 3), dass er mit jenem ersteren nicht identisch, wohl aber ein Enkel desselben gewesen sein könne, welchenfalls dann anzunemen wäre, dass in dem Stammbaume der þórðar s. zwei Glieder ausgefallen seien (Magnúss s. berfætta, in der Heimskr., cap. 8, S. 642 und 643, sowie in den FMS., VII, cap. 9, 10 und 12, S. 17, 21 und 23); dieser letztere Sveinn aber war wirklich der Vater eines Bergþórr bokkur, welcher zur Zeit des Königs Sigurður Jórsalafari (1103—30) widerholt genannt wird (Sigurðar s. Jórsalafara, in der Heimskr. cap. 21, S. 679, sowie in den FMS., VII, cap. 34 und 36, S. 141 und 148—9), und welcher wider einen Sohn Namens Sveinn hatte, da gelegentlich der Schlacht bei Oslo (1161) ein „Jón son Sveins, Bergþórssonar bukks", genannt wird (Hákonar s. herðibreiðs, in der Heimskr., cap. 17, S. 772 und in den FMS., VII, cap. 18, S. 276). Woher aber unsere þórðar s. diesen Theil ihres Stammbaumes habe, und warum derselbe gerade mit Sveinn Bergþórsson ende, welcher, da sein Vater noch im Jahre 1103 in Irland im Felde stand, und sein Sohn bereits im Jahre 1161 eine Heeresabtheilung führte, jedenfalls in der ersten Hälfte des 12. Jhdts. gelebt haben muss, ist damit allerdings noch nicht erklärt; ich gedenke indessen auf diesen Punkt später zurückzukommen, und beschränke mich vorläufig nur auf die Vermuthung, dass auch die hier einschlägigen Notizen in einer uns verlorenen Recension der Landnáma, und zwar der Melabók, gestanden haben dürften. — Soll nun aber wirklich an der Anname festgehalten werden, dass unsere þórðar s. einerseits und der Anhang zu unserer jüngeren Melabók andererseits in einer älteren Melabók ihre gemeinsame Quelle zu suchen haben, so muss natürlich auf ein ungleich älteres Exemplar dieser letzteren zurückgegangen werden, als dasjenige von welchem unsere Fragmente sich herschreiben; sèra þórður freilich mochte aus dieser letzteren, im 15. Jhdte. entstandenen Hs. geschöpft haben, aber bereits der Vatnshyrna gegenüber wird die gleiche Annamo zur Unmöglichkeit, und noch weit weniger kann dieselbe auf deren in der zweiten Hälfte des 14. Jhdts. geschriebene Vorlage Anwendung finden. Andererseits lässt sich aber auch wirklich an unseren Resten der älteren Melabók deutlich erkennen, dass dieselbe nach einem älteren Originale geschrieben ist, und der früher schon hervorgehobene Umstand, dass die þórðar s. in einzelnen Wendungen ihres Eingangscapitels näher an die Hauksbók und den þorsteins þ. herantritt als die jüngere Melabók, lässt sich demnach recht wohl auf dieses letztere zurückführen; glücklicherweise fehlt es aber auch nicht an Behelfen, welche die Entstehungszeit dieser vorauszusetzenden Originalbearbeitung etwas genauer festzustellen gestatten. — Finnur Magnússon hat einmal die Meinung ausgesprochen, dass die erste Bearbeitung der Melabók entweder von Markús þórðarson á Melum, oder selbst schon von dessen Vater, þórður Böðvarsson, verfasst oder doch veranstaltet worden sein müsse, wenngleich deren uns vorliegende Gestalt auf einer späteren Ueberarbeitung beruhen müsse, und hinterher hat er dann auch wider erklärt, es könne nicht dem mindesten Zweifel unterliegen, dass die auf Mela-Snorri und seine Frau bezüglichen genealogischen Notizen in jener Recension der Landnáma von deren Sohn, dem mehrerwähnten Abte þorsteinn, herrührten (Grönlands hist. Mindesm., I, S. 31—33 und 68—69); mir aber will weder das Eine noch das Andere richtig scheinen, vielmehr halte ich für so gut wie sicher, dass kein Anderer als Snorri Markússon selbst der Verfasser unserer Bearbeitung der Landnáma sei. Snorri, welcher in den Jahren 1302—6 das Gesetzsprecheramt bekleidete und im Jahre 1313 starb, wird doch nirgends in der Melabók als Lögmann bezeichnet; kaum hätte sein Sohn diesen Titel ihm beizulegen unterlassen, wenn er die

betreffenden Notizen niedergeschrieben hätte. Andererseits wird Helga
Ketilsdóttir stets mit dem Beisatze genannt, „er átti Snorri Markússon",
was denn doch mit Sicherheit darauf schliessen lässt, dass wenigstens
einer der beiden Ehegatten bereits verstorben war, als die Bearbeitung
entstand, und der Beisatz „á Melum", welcher oft genug zu Snorri's
Namen gemacht wird, scheint darauf hinzudeuten, dass dazumal er, und
nicht mehr sein Vater, auf diesem Hofe gesessen war; Beides Umstände,
die sich schwer mit der Anname vereinigen lassen, dass sein Vater oder
gar sein Grossvater jene Aufzeichnung entworfen habe. Geradezu ent-
scheidend scheint mir aber der Umstand, dass Snorri ausser an denjenigen
Stellen, an welchen er als der Mann der Helga aufgeführt wird, in der
Melabók nirgends genannt ist, dass vielmehr deren Stammtafeln überall
nur bis zu seinen Aeltern einerseits und bis zu seiner Frau andererseits
herabgeführt werden; weder zu der Annamc, dass sein Vater, noch zu
der anderen, dass sein Sohn diese geschrieben habe, will eine solche
Begrenzung passen, während sie ganz vortrefflich unter der Voraussetzung
sich erklärt, dass Snorri selber jene Einträge gemacht habe. Noch ehe
er das Gesetzsprecheramt angetreten hatte, scheint dabei Snorri seine
Arbeit vollendet zu haben, andererseits aber erst zu einer Zeit, da er
bereits in den Besitz seines väterlichen Hofes gelangt war, und da seine
Frau ihm schon gestorben war; nach Allem, was wir über die Lebenszeit seiner Angehörigen ermitteln können, mochte Beides bereits in den
Jahren 1270—80 eingetreten sein[18]), und wenn wir uns nun noch erinnern, dass das Verzeichniss der Gesetzsprecher, welches der Compilator
der jüngeren Melabók aus der älteren entnam, gerade mit dem Jahre 1272
schloss, so liegt in der That die Vermuthung nicht allzu ferne, dass
Mela-Snorri gerade um diese Zeit herum seine Arbeit abgeschlossen haben
möge. Diesem letzteren Momente will ich nun freilich keinen allzu
grossen Werth beilegen, da allerdings die wesentliche Veränderung in
der Stellung der isländischen Gesetzsprecher, welche die Einführung der
Járnsíða mit sich brachte, auch bei etwas späterer Abfassung des Werkes
jenes Jahr als den geeigneten Schlusspunkt für ein Verzeichniss von
solchen erscheinen lassen konnte; dagegen glaube ich noch ausdrücklich
darauf hinweisen zu sollen, wie wohl die Verfasserschaft Mela-Snorri's
zu der oben ausgesprochenen Vermuthung stimmt, dass die unmittelbare

Vorlage der Recension A. der Þórðar s. im Kloster zu Helgafell entstanden sein werde. Nirgends finde ich eine Spur irgend welcher weiterer Nachkommen des Mela-Snorri neben jenem Abte Þorsteinn; was ist also wahrscheinlicher, als dass dieser die von seinem Vater ausgearbeitete älteste Melabók mit in sein Kloster gebracht, und damit dessen Conventualen den Zutritt zu deren Benützung eröffnet habe? Das Ergebniss der bisherigen Untersuchung lässt sich nunmehr, so verwickelt diese auch war, in wenige Worte zusammenfassen. Ganz in derselben Weise, wie zwischen den früher ausgehobenen Stellen der Hauksbók und des Þorsteins þ. eine engere Verwandtschaft besteht, ist eine solche auch zwischen dem Eingangscapitel unserer Þórðar s. und dem hier einschlägigen Theile des Anhanges der jüngeren Melabók anzunehmen, und hier wie dort ist diese engere Gemeinschaft auf die gleichmässige Benützung je einer gemeinsamen Quelle zurückzuführen; musste ich aber bezüglich jener ersteren Vorlage dahingestellt lassen, ob dieselbe in der Landnáma des Styrmir Kárason, oder in jener des Sturla Þórðarson zu suchen sein möge, so durfte ich mich dagegen bezüglich dieser zweiten getrauen mit Bestimmtheit zu behaupten, dass dieselbe in einer ältesten, von Snorri Markússon im letzten Viertel des 13. Jhdts. geschriebenen Melabók zu finden sei. Ueber die Beschaffenheit dieser letzteren Bearbeitung der Landnáma ins Klare zu kommen, hat nun freilich seine ganz besonderen Schwierigkeiten. Da nämlich unsere jüngere Melabók eine neuere Compilation aus drei verschiedenen Recensionen dieser Quelle ist, so kann zwar daraus, dass dieselbe hier oder dort Notizen bringt, welche der Hauksbók sowohl als der eigentlichen Landnáma fremd sind, mit ziemlicher Sicherheit geschlossen werden, dass dieselben aus der älteren Melabók geflossen sein werden; aber in dem umgekehrten Falle, da jene Compilation bezüglich irgendwelcher Angaben mit der eigentlichen Landnáma oder der Hauksbók übereinstimmt, fehlt es uns an jeder Gewähr für die Annahme, dass auch die ältere Melabók denselben Weg gegangen sein werde, da ja recht wohl möglich ist, dass der Compilator im betreffenden Falle eben einer von jenen beiden Recensionen gefolgt wäre, und die letztere, wie er ja oft genug that, einfach bei Seite gelassen hätte, ohne ihrer Abweichungen irgendwie zu gedenken. Ja sogar für diejenigen Fälle, da entweder die jüngere Melabók ausdrücklich eine von jenen beiden Texten abweichende Lesart verzeichnet, oder da ausnahmsweise das noch erhaltene Bruchstück der älteren Melabók den Zweifel löst, ist doch zunächst nur soviel vollkommen festgestellt, dass dieser letztere, im Laufe des 15. Jhdts. geschriebene Codex die betreffenden Worte enthielt; bei der Flüchtigkeit, mit welcher derselbe geschrieben ist, und da überdiess anzunemen ist, dass auch zur Herstellung seines Textes wider verschiedenartige Quellen neben einander benützt wurden (vgl. die Worte: „Eysteirn eða Geirsteirn kiálki" auf S. 351, und dazu die Anmerkung Jón Sigurðsson's), ist aber die Möglichkeit bewusster oder unbewusster Aenderungen der gebrauchten Vorlage, und zumal die Möglichkeit einer Weglassung von Notizen, welche dem Abschreiber unerheblich schienen, oder einer Correctur von anderen nach Angaben, welche er in anderen Recensionen fand, immerhin nahe genug gelegt, um berücksichtigt werden zu müssen. Doch lässt sich immerhin über die Beschaffenheit der hier fraglichen Stelle in der ältesten Melabók in Folge des günstigen Umstandes einige Aufklärung gewinnen, dass für sie nicht nur zwei Aufzeichnungen zu Gebote stehen, welche auf getrennten Wegen aus jener Quelle abgeleitet sind, sondern dass uns auch noch die Vergleichung mit jener weiteren Redaction der Landnáma ermöglicht ist, welche der ältesten Melabók parallel gehend, der Hauksbók sowohl als dem þorsteins þ. zu Grunde liegt. Ziehe ich nun diese willkommenen Behelfe sämmtlich zu Rathe, so finde ich, dass die Nachrichten über die Gesetzgebung Úlfljóts und den Anfang der heidnischen Gesetze, dann über den Tempelring und das Eidesformular, in der ältesten Melabók wesentlich ebenso wie in der der Hauksbók und dem þorsteins þ. gemeinsamen Vorlage enthalten gewesen sein müssen, nur dass die Bezugname auf die Gulaþíngslög als auf das Muster der Úlfljótslög, sowie die Bezugname auf das Zeugniss des þórmóður allsherjargoði jener ersteren ausschliesslich eigen war; dass ferner auch die Notiz über Böðvarr hvíti und seinen Tempelbau in beiden Redactionen gleichmässig auf jene Angaben gefolgt sein muss, da ja der Anhang zur jüngeren Melabók sie ebensogut wie der þorsteins þ. an dieser Stelle bringt, und ihre Weglassung in der þórðar s. sich daraus genügend erklärt, dass sie für diese ohne alles Interesse war. Weiterhin ergiebt sich mir, dass sowohl die Angaben über þorsteinn Íngólfsson und seine Nachkommenschaft, welche der Anhang zur jüngeren Melabók noch folgen lässt, als auch die andern über Gunnar Úlfljótsson und Ketil, welche das Eingangscapitel der þórðar s. schliessen, zwar ebenfalls der ältesten Melabók entnommen sind, aber völlig anderen Stellen derselben, welche zu der oben besprochenen in gar keiner äusseren Beziehung standen. Etwas Aenliches möchte ich ferner auch bezüglich der Stammtafel des Königs Hrólfur í Bergi annemen, welche die þórðar s. an die Spitze ihres Eingangscapitels gestellt hat. An sich konnte dieselbe recht wohl als gemeinsamer Eingang für das, was über Böðvarr hvíti und über Úlfljót zu sagen war, dienen, und in diesem Sinne scheint dieselbe denn auch in der ältesten Melabók verwendet gewesen zu sein; jedoch muss der Stammbaum hier in aufsteigender Richtung gegeben gewesen sein, wie dessen Haupttheil noch in der Landnáma, IV, cap. 7, S. 255—6 gegeben wird, nicht in absteigender, wie ihn die þórðar s. bringt (vgl. meine dessfallsige Bemerkung in Anm. 16), und er mag demnach auch, ebenso wie hier, von Böðvarr hvíti seinen Ausgangspunkt genommen haben, nur dass dabei nicht gleich Alles, was über diesen zu sagen war, zusammengestellt, sondern hinterher erst nochmals auf denselben zurückgegangen wurde. Zwischen jene Stammtafel und diese Widerbesprechung Böðvars, welche letztere natürlich von den betreffenden genealogischen Notizen ihrerseits völlig absehen konnte, wie diess die einschlägige Notiz im þorsteins þ. sowohl als im Anhange zur jüngeren Melabók denn auch wirklich thut, war dann aber in der ältesten Melabók nicht nur jener ganze Bericht über Úlfljóts Gesetzgebung eingeschoben gewesen, sondern auch, als Einleitung zu demselben, die Erzählung über des þórður skeggi Niderlassung in Lón, seinen Wegzug und den Verkauf seines Landes an Úlfljót, und über des letzteren Rückreise nach Norwegen, wie denn alle diese Punkte im Anhange zur jüngeren Melabók ebensowohl als in der Hauksbók und im þorsteins þ. in diesem Zusammenhange erzählt werden, — Notizen, die der Ueberarbeiter der þórðar s., als für ihn interesselos, erst seinerseits ganz ebenso beseitigte, wie er aus gleichem Grunde auch die schliessende Notiz über Böðvarr hvíti strich. Endlich will mir scheinen, dass auch die Angabe über die Bezirkseintheilung Islands in der ältesten Melabók entweder in ganz anderem Zusammenhange enthalten gewesen sei, als in der gemeinsamen Vorlage der Hauks-

bók und des Þorsteins þ., oder dass sie doch wenigstens in ihr, wenn
überhaupt gelegentlich der Gesetzgebung Úlfljóts gebracht, nur am Rande
nachgetragen gewesen sein werde. Ich berufe mich dieserhalb zunächst
auf den schon früher besprochenen Umstand, dass diese Notiz nicht nur
im Eingangscapitel der Þórðar s. sowie im Anhange zur jüngeren Melabók an einem ganz anderen Platze steht als an dem, welchen die Hauksbók und der Þorsteins þ. ihr übereinstimmend anweisen, sondern dass
auch die ersteren beiden Quellen bezüglich ihrer Locirung unter sich
nicht übereinstimmen; ich glaube aber überdiess auch die Verschiedenheit
der Anfangsworte in gleicher Richtung geltend machen zu dürfen, mit
welchen die Notiz in den verschiedenen Quellen beginnt. „þá var landinu
skipt í fjórðúnga", heisst es in der Hauksbók sowohl als im Þorsteins
þ., was dem Zusammenhange nach doch nur dahin verstanden werden
kann, dass die Bezirkseintheilung im Zusammenhange mit der Gesetzgebung Úlfljóts erfolgt sei; dagegen lauten die Worte in der Þórðar s.:
„En þá er landinu var skipt í fjórðúnga", womit bereits klar genug
angedeutet ist, dass die Eintheilung der Insel in bestimmte Bezirke einer
anderen Zeit angehöre als der des ersten Landrechts, und der Anhang
zur jüngeren Melabók bezeichnet diese Zeit sogar noch genauer, indem
er sagt: „Landinu var skipt í fjórðúnga um daga Þórðar gellis." Aller
Wahrscheinlichkeit nach war demnach die Notiz ursprünglich an einer
ganz anderen Stelle der Landnáma gestanden, und zwar wohl gelegentlich
irgend welcher Erwähnung des Þórður gellir (z. B. II, cap. 12, S. 98,
wo der Einsetzung des Viertelsdinges durch denselben, oder cap. 18,
S. 115, wo seines Kampfes mit Túngu-Odd, oder cap. 19, S. 116, wo
seines Stammbaumes Erwähnung geschieht); später erst scheint sie dann
mit der von den Úlfljótslög handelnden Stelle in Verbindung gesetzt
worden zu sein, und zwar in der für die Hauksbók und den Þorsteins
þ. gemeinsamen Vorlage durch directe Einschaltung in ungeänderter
Form, in der ältesten Melabók dagegen wohl nur durch eine am Rande
bemerkte Verweisung, welche dann von der Þórðar s. und vom Anhange
zur jüngeren Melabók in etwas verschiedener Weise berücksichtigt wurde.

Aber auch bei dem hiemit erreichten Ergebnisse darf unsere Untersuchung noch nicht stehen bleiben. Hinter der ältesten Melabók und
hinter jener anderen, ihr zur Seite stehenden Redaction, welche der

Hauksbók und dem þorsteins þ. gleichmässig als Quelle diente, muss eine noch ältere Gestalt der Landnáma vorausgesetzt werden, aus welcher sich jene beiden erst wider abgezweigt hatten, und auch über diese scheint es nicht unmöglich einigen Aufschluss zu erlangen. Es muss in dieser ältesten Redaction zunächst die auf Úlfljóts Gesetzgebung bezügliche Stelle bereits ziemlich dieselbe Gestalt gezeigt haben, welche ich vorhin für die älteste Melabók zu ermitteln versucht habe; insbesondere muss die Bemerkung über Böðvarr hvíti, und zwar ohne genealogische Notizen, bereits hier an deren Schluss gestanden, und somit wohl auch die für diesen und Úlfljót gemeinsame Stammtafel hier wie dort in etwas weiterem Abstande vorangegangen sein. Anderntheils können nicht nur die Notizen über þorsteinn Íngólfsson und Gunnarr í Djúpadal, sondern es kann auch die andere Angabe über die Bezirkseintheilung des Landes hier noch nicht mit jener Hauptstelle in Verbindung gebracht gewesen sein; alle drei mussten vielmehr hier noch an anderen Stellen des Werkes ihren Platz gefunden haben. Endlich von den beiden für die Melabók charakteristischen Bemerkungen, der Bezugnahme nämlich auf die Gulaþingslög und der Berufung auf den þormóður goði, scheint die erstere bereits in jenem ältesten Texte ganz wie in der Melabók enthalten gewesen zu sein, da dieselbe vollkommen gut in den Zusammenhang passt, und andererseits deren Weglassung durch einen späteren Ueberarbeiter sich um so leichter erklärt, als ja in der beibehaltenen Erwähnung des þorleifur spaki für jeden Kundigen die Hinweisung auf jene Gesetze ohnehin schon enthalten war; dagegen kann keinem Zweifel unterliegen, dass jene zweite Notiz der Melabók ursprünglich an einer ganz anderen Stelle der Landnáma heimatsberechtigt gewesen war, — keinem Zweifel auch, dass deren Urtext ungleich mehr enthalten haben muss, als die auf uns gekommenen Worte der Melabók uns zeigen. „þormóðr, er þá var alsherjargoði", sagt die þórðar s., und damit wäre dem Zusammenhange nach gesagt, dass þormóð ein Zeitgenosse Úlfljóts gewesen sei, was geradezu absurd ist; die Stelle muss demnach unverändert aus einem anderen Zusammenhange herüber genommen worden sein, ganz ebenso wie oben das Gleiche von der auf die Bezirkseintheilung Islands bezüglichen Angabe dargethan wurde. Der Anhang zur jüngeren Melabók beseitigt zwar zunächst an der entsprechenden Stelle das anstössige Wörtchen; in seinem weiteren Verlaufe aber giebt er auch den Schlüssel zur Erklärung seines Hereinkommens an die Hand, indem er neben anderen Notizen über Þorsteinn Íngólfsson und seine Nachkommen der Landnáma, I, cap. 9, S. 39, auch die auf eben jenen Þormóð bezüglichen Worte nachschrieb: „er þá var allsherjargoði, er kristni kom á Ísland." Aus dieser Stelle muss das „þá" der Þórðar s. stammen, und an ihr muss, wie die Bemerkung der jüngeren Melabók, dass die Hegung des Alldinges dem Godorde der Nachkommen Íngólfs zugehöre, unwiderleglich zeigt, im Anschlusse an die Besprechung eben dieses Hauses von der Hegung des Alldinges überhaupt gehandelt worden sein; da war es denn auch ganz angemessen, wenn gerade der letzte heidnische Häuptling aus diesem Geschlechte für die Formeln, mittelst deren zur Zeit des Heidenthumes die ihm persönlich obliegende Hegung der Landsgemeinde vollzogen zu werden pflegte, als Gewährsmann angeführt wurde. Aber darüber hinaus zeigt eine genauere Erwägung der Worte: „at með þessum orðum ok þingmörkum helguðu lángfeðgar hans alþingi", dass diese unmöglich auf die schon in der ältesten Melabók ihnen unmittelbar vorangehende Eidesformel sich beziehen können. Diese Formel ist in einer Weise abgefasst, welche nur für Privatleute, nicht für die Goden als solche passt, und steht mit der Hegung des Alldinges in gar keiner, oder doch höchstens nur in einer sehr entfernten Beziehung. Sie enthält nur ein Gelöbniss pflichttreuen Verhaltens als Kläger und Beklagter, dann als Zeuge, Geschworener oder Richter, also in Functionen, welche an die Würde eines Häuptlings ganz und gar nicht gebunden, ja zum Theil mit dieser völlig unvereinbar waren, und sie wird nicht nur von der Hauksbók und vom Þorsteins þ., sondern auch von der jüngeren Melabók in deren einleitenden Worten, die in der Þórðar s. doch wohl nur aus Versehen weggeblieben sind, sogar ausdrücklich als für alle Die bestimmt bezeichnet, welche an irgend einem Gerichte des Dinges irgendwie thätig zu werden haben. Noch in weit späterer Zeit galt der Satz, dass derjenige, welcher die Widerholung mehrfacher Eide am Dinge zu vermeiden wünsche, mit einem einzigen umfassenderen Schwure sich helfen möge, und die für diesen erhaltene Formel erinnert, wiewohl sie uns nicht vollständig erhalten, und überdiess der Natur der

Sache nach ins Christliche übersetzt ist, noch gar sehr an jene altheidnische Fassung[19]; es mag sein, dass dieses einmalige Schwören in der älteren Zeit die gesetzliche Regel, und dass der Schwur vielleicht sogar mit der feierlichen Dinghegung in irgend welche äussere Verbindung gebracht war, aber die Hegungsformel selber können die uns überlieferten Eidesworte zu keiner Zeit gebildet haben. Ueberdiess wird uns ausdrücklich gesagt, dass diese Formel Etwas über die þíngmörk enthalten habe, d. h. über die Grenzen des Bezirkes, welcher unter dem besonderen Dingfrieden stand, und wir wissen aus der Graugans, dass deren Bekanntgabe auch noch in späterer Zeit mit der Hegung des Dinges verbunden war[20]; von den þíngmörk aber ist in dem vorhergehenden Stücke mit keiner Sylbe die Rede, und in unseren beiden Texten fehlt demnach gerade Das, wofür þormóð's Zeugniss angerufen wird, die Formel nämlich für die Dinghegung. Offenbar muss diese in dem Texte, aus welchem die älteste Melabók geschöpft hatte, gestanden haben, und es zeigt sich demnach, dass nicht nur diese letztere an dieser Stelle mehr enthielt als jene andere Vorlage, welcher die Hauksbók und der þorsteins þ. folgten, sondern dass auch sie selbst bereits ihr eigenes Original nur sehr unvollständig ausgeschrieben hatte. Mag sein, dass die Hegungsformel mit der uns erhaltenen Schwurformel in ihrer Wortfassung eine gewisse Aenlichkeit zeigte, und dass zumal vielleicht auch ihr eine Verweisung auf den Tempelring und dessen Bestreichung mit frischem Opferblute vorhergieng, wie ja auch nach der Ljósvetnínga s., cap. 4, S. 12, das Schlachten eines Opferthieres und das Bestreichen mit dessen Blute als Einleitung zu einer anderen wichtigen Rechtshandlung diente, welche ein Häuptling am Dinge vorzunehmen hatte; die Auslassung derselben in der ältesten Melabók könnte solchenfalls durch ein änliches Versehen veranlasst sein, wie ein solches ja auch einzelnen Auslassungen im Eingangscapitel der þórðar s. zu Grunde zu liegen scheint. — Denkbar wäre nun allerdings, dass auch die von der Hauksbók und vom þorsteins þ. benützte Vorlage jene Berufung auf þormóð, und zwar sammt der dazu gehörigen Hegungsformel enthalten hätte, nur freilich an derjenigen Stelle, an welche dieselbe ursprünglich gehört hatte, nämlich in Landnáma, I, cap. 9, S. 38, oder dass diess doch wenigstens bezüglich jener zweiten Bearbeitung der Landnáma der Fall gewesen wäre, welche Herr Haukr gebraucht zu haben angiebt; denkbar überdiess, dass diese letztere auch in anderen Beziehungen, also zumal hinsichtlich der Gestaltung des für Úlfljót und Böðvarr hvíti gemeinsamen Stammbaumes, dann hinsichtlich der Locirung der auf die Bezirksverfassung bezüglichen Angabe, die oben für den älteren Text vermuthete Fassung bereits gezeigt hätte. Die Möglichkeit also, dass die eine der beiden von Herrn Hauk benützten und citirten Schriften zugleich auch dem Bearbeiter des þorsteins þ., die andere dagegen zugleich dem Bearbeiter der ältesten Melabók gedient haben könnte, ist durch das Bisherige keineswegs völlig ausgeschlossen, und Styrmir's Landnáma, in welcher Guðbrandur Vigfússon die gemeinsame Quelle für alle vier Berichte über die Úlfljótslög vermuthete (vgl. dessen Vorrede zur Bárðar s., u. s. w., S. VII), könnte somit immerhin wenigstens dem einen Paar derselben, durch Vermittlung der ältesten Melabók etwa, als Quelle gedient haben, während deren anderes Paar auf die Landnáma Sturla's zurückzuführen wäre. Bedenke ich indessen, wie wenig das Weglassen irgend welcher interessanten Notiz zu der eigenen Erklärung Hauks passen will, dass er jedesmal derjenigen von seinen Vorlagen gefolgt sei, welche mehr enthalten habe als die andere, und berücksichtige ich zugleich, dass unsere eigentliche Landnáma, mit welcher doch die Hauksbók sich so vielfach berührt, weder von der auf þormóð zurückgeführten Hegungsformel oder der ausführlicheren Fassung der Stammtafel K. Hrólfs, noch auch nur von den Úlfljótslög und der Ordnung der Bezirksverfassung das Mindeste weiss, so will mir ungleich wahrscheinlicher vorkommen, dass die zweite für die Hauksbók gebrauchte Quelle in allen diesen Beziehungen jener anderen uns erhaltenen Recension sich gleich verhalten, die erste dagegen auf diejenigen Notizen über die hier einschlägigen Punkte sich beschränkt haben werde, welche sich auch im þorsteins þ. widerfinden, — dass also von uns auf ein hinter Styrmir liegendes Werk zurückgegangen werden müsse, wenn wir die Quelle erreichen wollen, aus welcher die älteste Melabók sowohl als jene der Hauksbók und dem þorsteins þ. gemeinsame Vorlage schöpften. Anderweitige Gründe scheinen mir diesen Schluss zu bestätigen, zugleich aber auch mit voller Bestimmtheit auf den Verfasser jenes älteren Werkes hinzuweisen, welcher meines Erachtens kein anderer gewesen sein kann als Ari hinn fróði selbst. Dass die Hauksbók diesen ausdrücklich als denjenigen bezeichnet, welcher zuerst von Allen über die Niderlassungen auf Island geschrieben habe, wurde bereits bemerkt (oben, S. 17); andererseits erklärt aber Ari selbst in der Vorrede zu der uns erhaltenen Íslendíngabók, dass er vor dieser eine andere Recension derselben geschrieben habe, in welcher auch noch mancherlei Nachrichten über die Regierungszeit auswärtiger Könige, sowie Geschlechtstafeln enthalten gewesen seien, die er dann bei der Umarbeitung des Werkes beiderseits gestrichen habe²¹). Halte ich nun diese beiden Angaben zusammen, so ergiebt sich, dass gerade in diesen Geschlechtstafeln dieser ersten Recension jene älteste Grundlage zu suchen sein dürfte, aus deren Ueberarbeitung dann die Werke Styrmir's und Sturla's, sowie die älteste Melabók, und in näherem oder weiterem Abstande auch die sämmtlichen uns erhaltenen Texte der Landnáma hervorgegangen sind; im 13. Jhdte. aber kannte und benützte man auf Island jene ältere Redaction der Íslendíngabók noch ganz allgemein neben deren jüngerer²²), und es kann dieselbe somit recht wohl für die im letzten Viertel dieses Jhdts. geschriebene älteste Melabók noch unmittelbar benützt worden sein, während die etwas später entstandene Hauksbók sammt dem Þorsteins Þ. zwar aus abgeleiteten Quellen schöpfte, aber doch aus Quellen, welche schliesslich auch ihrerseits wider auf denselben Ausgangspunkt zurückweisen. In der That konnte eine Aufzeichnung, welche an der Hand mündlicher Berichte noch auf Gewährsleute aus dem Anfange des 11. Jhdts., wie auf Þormóð, zurückzugehen vermochte, dieser Zeit noch nicht allzu ferne stehen, und die Art, wie hier die geschichtliche Ueberlieferung auf mündliche Aussagen namentlich genannter Männer gestützt werden will, trägt noch ganz und gar den specifisch ausgeprägten Charakter der ältesten Geschichtsschreibung Ari's; wunderaam müsste es andererseits zugegangen sein, wenn eine so umfangreiche, interessante und eigens geartete Aufzeichnung, wie sie in den obigen vier Stellen der Hauksbók und der Melabók, der Þórðar s. und des Þorsteins Þ. vorliegt, in der zweiten Hälfte des 13. Jhdts. auf Island existirt haben sollte, ohne irgend eine Spur ihres Verfassers zu hinterlassen, während dieser doch, ganz anders als diess bei den Sagenschreibern der Fall zu sein pflegte, bei deren Abfassung in sehr entschieden kritischer und selbstständiger

Weise zu Werk gegangen war. Eine weitere, und wie mir scheint geradezu entscheidende Bestätigung erhält aber meine Vermuthung durch die vielfachen wörtlichen Anklänge an unsere Íslendíngabók, welche die hier in Betracht kommenden Stellen zeigen. Aus dem kurzen cap. 2, S. 5 des Isländerbüchleins begegnet uns der Ausdruck „hafði út lög til Íslands" wider in der Þórðar s. und der jüngeren Melabók (vgl. auch Landnáma, III, cap. 16, S. 219), — „þau er síðan voru kölluð Úlfljótslög" in allen vier Quellen, — die Notiz über Gunnarr Úlfljótsson wenigstens in der Þórðar s. (vgl. Landnáma, ang. O.), und auch die Worte dieser letzteren über den Einfluss der Gulaþingslög auf die Gesetzgebung Úlfljóts stimmen aufs Genaueste mit den dort gebrauchten überein. Mit cap. 3, S. 6 der Íslendíngabók ist sodann offenbar die Notiz der jüngeren Melabók über Þorstein Íngólfsson aus einer Quelle geflossen (vgl. Landnáma, I, cap. 9, S. 38), wie denn zumal die Worte: „við ráð Helga bjólu ok Erlygs at Esjubergi ok annara vitra manna" auffällig an Ari's Ausdruck erinnern: „oc höfþíngjar þeir es at því hurfo"; nur beiläufig erwähne ich, dass auch die Worte „Svá hafa oc spakir menn sagt, at á 60. vetra yrþi Ísland albygt, svú at eigi væri meirr síþan" des angeführten Capitels ihr Analogon in der Landnáma, V, cap. 15, S. 321 finden. Da die Notiz über den Tod des Þórólfur refur, wie solche in cap. 5, S. 8 unserer Íslendíngabók steht, in der Landnáma, II, cap. 18, S. 115, widerkehrt, so möchte auch die mit derselben in geschichtlichem Zusammenhange stehende und in demselben Capitol jener ersteren Quelle enthaltene Angabe über die Bezirkseintheilung der Insel mit derselben aus dem älteren Werke Ari's in die älteste Melabók und jene andere, ihr coordinirte Redaction der Landnáma herübergewandert sein, und so finden sich denn auch, wie bemerkt, die Eingangsworte unserer Íslendíngabók: „þá vas landino scipt í fjórþúnga", ungeschickter Weise in der Hauksbók und im Þorsteins þ. wider, obwohl dieselben zu dem Orte nicht passen, an welchen hier die Notiz versetzt ist, und um dessentwillen die Þórðar s., und in etwas anderer Weise die jüngere Melabók, dieselben denn auch richtig veränderten. Endlich aber glaube ich auch darauf noch hinweisen zu dürfen, dass die ausführlichen genealogischen Notizen über das Haus des Hörðakári, welche das Eingangscapitel der Þórðar s.

mittheilt, während unsere Recensionen der Landnáma nur einzelne Bruchstücke derselben enthalten, ebenfalls auf jene ältere Redaction der Islendíngabók zurückzuführen sein dürften. In dieser, welche neben Island auch Norwegen noch eingehender berücksichtigt, und zugleich den Stammtafeln eine ganz besondere Aufmerksamkeit geschenkt hatte, war jenes Eingehen auf die norwegischen Zweige dieses Hauses neben den isländischen vollkommen am Platze, und zugleich erklärt sich das Herabgehen jener Stammtafel bis zu Sveinn Bergþórsson, welches oben unerklärt gelassen werden musste, sehr einfach, wenn wir Ari als deren Verfasser betrachten, da ja jener in den Königssagen kaum erwähnte Mann für diesen als sein Zeitgenosse aus persönlichen Gründen recht wohl ein besonderes Interesse haben konnte; aus Ari's Werk endlich mögen denn auch die einschlägigen Notizen in die Heimskríngla übergegangen sein, welcher jenes ja bekanntlich als eine ihrer Hauptquellen diente, und daraus deren Anklänge an die þórðar s. sich erklären. — Aus der Vergleichung der hier zu erörternden Stellen mit unserer Islendíngabók können wir übrigens lernen, dass wir Ari's eigene Angaben über das Verhältniss, in welchem deren zweite Redaction zu der ersten stand, nicht allzu buchstäblich nemen dürfen. Nur die „ættartölur" und die „konúnga æfi" bezeichnet er als dasjenige, was er in dem neueren Werke weggelassen habe, während dieses im Uebrigen „of et sama far" mit dem älteren geschrieben und sogar durch manche Zusätze auf Grund inzwischen erhaltener genauerer Nachrichten bereichert worden sei. Man sollte hiernach annemen, dass die Verfassungsgeschichte der Insel in dem neueren Werke vollständiger zu finden sein werde als in dem älteren; gerade umgekehrt liessen sich aber soeben mehrfache für diese Geschichte sehr werthvolle Nachrichten auf dieses letztere zurückführen, welche wir in jenem ersteren vergebens suchen. Zum Theil handelt es sich dabei freilich um Notizen, deren Weglassung aus der zweiten Recension sich aus besonderen Gründen erklären lässt. Es mag sein, dass die Notiz über den Tempelring und die altheidnischen Formularien für den gerichtlichen Eid und die Dinghegung, dann über die Bestimmungen Úlfljóts zum Schutze der Landgeister, einer strengeren kirchlichen Richtung bedenklich erschienen; die Strenge, mit welcher Bischof Jón Ögmundarson von Hólar (1106—21) gegen alle Erinnerungen an das Heidenthum vorgieng, und welche ihn nicht einmal den Fortgebrauch der altüblichen Bezeichnungen der Wochentage gestatten liess (Jóns biskups s., cap. 12, S. 165), zeigt, wie weit der Eifer manches Kirchenfürsten in dieser Beziehung gieng. Nun wissen wir, dass Ari nicht nur sein Isländerbuch von Anfang an im Auftrage der Bischöfe þorlákur Runólfsson und Ketill þorsteinsson abgefasst, sondern dass er auch ihnen und dem Sæmundur fróði deren erste Recension vorgelegt, und solche gerade auf ihren Rath umgearbeitet hatte; wie leicht konnten sich da die beiden Bischöfe berufen gefühlt haben, die Beseitigung jener Erinnerungen an heidnische Gebräuche zu wünschen, während Ari, wenn ein solcher Wunsch ihm ausgesprochen wurde, ihm Folge zu leisten nicht umhin konnte. Es begreift sich auch, dass dieser über das Weglassen derartiger Stellen im Vorworte zu seiner zweiten Bearbeitung sich nicht äussern mochte; konnte doch jede Aeusserung über diesen Punkt nur dasjenige mehr ins Licht zu rücken dienen, was kirchlich anstössig, und vielleicht sogar seine eigene christliche Gesinnung zu verdächtigen im Stande war! Aber für einen anderen Theil der weggelassenen Notizen lassen derartige Motive sich nicht auffinden, und innere Gründe dafür, warum z. B. Ulfljóts Alter zur Zeit seiner Reise nach Norwegen, die Dauer seines Aufenthaltes daselbst, der Ankauf der Besitzungen des þórður skeggi durch denselben, u. dgl. m. weggestrichen wurden, sind in der That nicht zu erbringen; derartige Notizen können vielmehr wohl nur in mehr zufälliger Weise aus der neueren Bearbeitung weggeblieben sein, weil sie sich in deren geänderte, und wie es scheint zumal vielfach abgekürzte Haltung nicht mehr recht einfügen wollten. Mag sein, dass Sæmundur, der ja im Auslande studirt hatte, eine Umgestaltung der Grundanlage des ganzen Werkes angerathen hatte, um in dieses mehr Einheit und zugleich grössere Aenlichkeit mit der vorgeschritteneren Geschichtschreibung des Südens zu bringen, während Ari seiner Meinung nach sich allzusehr durch die isländisch-nationale Vorliebe für die Genealogie hatte bestimmen lassen; eine Reihe von Notizen über einzelne Persönlichkeiten, Geschlechter, Localitäten musste zufolge jener Aenderung des Planes aus dem Werke beseitigt werden, wenn auch der Natur der Sache nach das strengste Festhalten an einer haarscharf gezogenen Grenze nicht erwartet werden darf. Wenn ferner auch der weitere Umstand noch einer Erklärung bedürftig erscheint, dass unsere eigentliche Landnáma nicht nur von den in der ältesten Melabók, oder doch in der Hauksbók fehlenden Notizen, sondern selbst von den in ihnen beiden gemeinsam enthaltenen Angaben über Úlfljóts Gesetzgebung und die alte Bezirksverfassung Nichts enthält, so dürfte sich doch auch hiefür eine solche in ziemlich befriedigender Weise auffinden lassen²⁸). Die Íslendíngabók hatte nämlich in ihrer ersten und ursprünglichen Gestalt dreierlei Stoff enthalten: Stammtafeln isländischer Geschlechter, sammt an diese sich beiläufig anschliessenden Notizen über die Niderlassungen der einzelnen Geschlechter und über einzelne hervorragende Angehörige derselben, — Bemerkungen über die Geschichte der Könige von Norwegen, Dänemark und England, zunächst freilich wie es scheint nur in chronologischer Richtung, — endlich eine Reihe von Angaben über die Geschichte Islands, mit besonderer Betonung der Chronologie einerseits, und der kirchlichen Verfassungszustände andererseits. Nun hatte Ari selbst bereits die letztgenannte Partie des Materiales von dem Uebrigen ausgesondert, und zu einem eigenen Werke, seiner jüngeren Íslendíngabók, verarbeitet. Nicht minder war auch die mittlere Partie des Stoffes schon frühzeitig zum Gegenstande besonderer Arbeiten gemacht worden, und mögen neben dem Ágrip af Noregs konúnga sögum, welches sich freilich mehr an Sæmund's als an Ari's Schriften angeschlossen zu haben scheint, nur die Fagurskinna und die Heimskríngla als die ältesten unter den auf uns gekommenen genannt werden. Dem gegenüber musste es nahe genug liegen, auch die Verarbeitung jener ersteren Partie des Stoffes zu einem geschlossenen Ganzen zu versuchen, und bei der ausgesprochenen Neigung der Isländer zur Genealogie begreift sich leicht, dass gerade sie eine ganz besondere Anziehungskraft auf dieselben üben musste. In der That scheinen die verschiedensten Hände in dieser Richtung thätig geworden zu sein, und wenn Haukur Erlendsson an der oben, S. 17 mitgetheilten Stelle neben Ari nur den Kolskegg, Styrmir und Sturla als seine Vorgänger auf diesem Gebiete nennt, so dürfen wir diese seine Aufzählung in keiner Weise als erschöpfend betrachten; hat er doch selber den dort nicht angeführten Brandur prior Halldórsson an einer anderen Stelle (Landnáma, II, cap. 15, S. 108, Anm. 7) als Bearbeiter der Geschlechtsregister der Breiðfirðíngar genannt, und überdiess des Verfassers der ältesten Melabók, welcher doch auch schon vor ihm geschrieben hatte, mit keinem Worte Erwähnung gethan. Da musste nun der Natur der Sache nach die Art der Ausscheidung des einschlägigen Materiales in der Hand der verschiedenen Arbeiter sehr verschieden ausfallen, und je consequenter der einzelne Compilator sich auf den genealogischen und topographischen Stoff beschränkte, desto mehr musste er von den auf die norwegische Königsgeschichte oder die einheimische Verfassungs- und Kirchengeschichte bezüglichen Angaben wegschneiden, während freilich aus mündlicher Ueberlieferung oder bereits aufgezeichneten anderen Sagen dafür Notizen jener ersteren Art um so reichlicher eingestellt werden mochten. Die eigentliche Landnáma scheint nun in dieser Richtung sehr folgerichtig vorgegangen zu sein; aber freilich verliert sie für uns als geschichtliche Materialiensammlung dadurch in eben dem Masse an Werth, in welchem sie an formeller Abgeschlossenheit gewonnen hat, und zu einem wohl abgerundeten Werke aus einem Gusse geworden ist.

Durch die bisherige Untersuchung ist nun aber, obwohl dieselbe nur von den vier Parallelstellen der Hauksbók und der jüngeren Melabók, des þorsteins þ. und der þórðar s. ihren Ausgangspunkt genommen hat, zugleich auch der Grund geebnet für die Besprechung einiger weiterer Nachrichten, welche uns über die ältesten Verfassungszustände Islands aufbewahrt sind. Zunächst nämlich fällt auf, dass die in jenen vier Werken gleichmässig enthaltene Notiz über den Tempelring, dann über die Verpflichtung der Dingleute zur Entrichtung des Tempelzolles auch noch in zwei weiteren Quellen in wesentlich gleicher Wortfassung widerkehrt, in der Eyrbyggja, cap. 4, S. 6 nämlich und in der Kjalnesínga s., cap. 2, S. 402—4. Die letztere Stelle ist bereits oben, S. 22—23 mitgetheilt worden; die erstere aber lautet wie folgt: „Eptir þat fór þórólfr eldi um landnám sitt, utan frá Stafá ok inn til þeirrar ár, er hann kallaði þórsá, ok bygði þar skipverjum sínum. Hann setti bæ mikinn við Hofsvág, er hann kallaði á Hofsstöðum; þar lét hann reisa hof, ok var þat mikit hús; vóru dyrr á hliðvegginum ok nær öðrum endanum; þar fyrir innan stóðu öndugissúlurnar, ok vóru þar í naglar; þeir hétu reginnaglar. þar fyrir innan var friðstaðr mikill. Innar af hofinu var hús í þá líking sem nú er sönghús í kirkjum, ok stóð þar stalli á miðju golfinu sem altari, ok lá þar á hríngr einn mótlauss, tvíeyríngr, ok skyldi þar at sverja eiða alla. þann hríng skyldi hofgoði hafa á hendi sèr til allra maunfunda. Á stallanum skyldi ok standa hleytbolli, ok þar í hleytteinn sem stökkull væri, ok skyldi þar stökkva með ór bollanum blóði því, er hlaut var kallat; þat var þesskonar blóð, er æfð vóru þau kvikendi, or goðunum var fórnat. Umhverfis stallann var goðunum skipat í afhúsinu. Til hofsins skyldu allir menn tolla gjalda, ok vera skyldir hofgoða til allra ferða, sem nú eru þíngmenn höfðíngjum, en goði skyldi hofi upp halda af sjálfs síns kostnaði, svá at eigi hrörnaði, ok hafa inni blótveizlur." Es kann wohl keinem Zweifel unterliegen, dass in Bezug auf die angegebenen beiden Punkte beide Sagen, mittelbar oder unmittelbar, ebenfalls aus Ari's älterem Werke schöpften[24]); zweifelhaft erscheint dagegen, ob sich auf sie die Benützung dieser Quelle beschränkt habe, oder ob nicht vielleicht auch der übrige Inhalt der beiden angeführten Stellen aus derselben geflossen sei. Bedenke ich, dass die ausführliche Beschreibung isländischer Göttertempel, welche in beiden Sagen mit jenen Notizen in Verbindung steht, neben einer sehr weitgehenden Uebereinstimmung in der Wortfassung einzelner Sätze doch hinsichtlich anderer wider allzu grosse Abweichungen unter beiden zeigt, als dass man irgendwie annemen könnte, dass die eine von ihnen die andere ausgeschrieben haben könnte, — berücksichtige ich ferner, dass diese Beschreibung um ihres durchaus doctrinären Charakters willen zu der ganzen übrigen Darstellungsweise der Sagen überhaupt und jener beiden Sagen insbesondere ganz und gar nicht passen will, — erinnere ich mich endlich daran, wie vielfach Excerpte aus der Landnáma in den Text der verschiedensten Sagen eingestellt wurden, sowie an den weiteren Umstand, dass sowohl die Bekanntschaft der Eyrbyggja mit dem älteren Werke Ari's (vgl. deren cap. 7, S. 8) als auch die Besprechung des þórólfur Mostrurskegg in diesem Werke (vgl. die Njála, cap. 115, S. 173) anderweitig ohnehin feststeht, so will mir allerdings wahrscheinlich vorkommen, dass auch diese Tempelbeschreibungen aus demselben, so vielfältig und doch allerwärts nur so wenig vollständig benützten Originalwerke herstammen möchten. Da indessen deren übriger Inhalt mit dem Gegenstande meiner Untersuchung in keiner näheren Beziehung steht, und andererseits die eben angeregte Frage

nicht ohne ein detaillirteres Eingehen in das ganze Verhältniss beider
Sagen zur Landnáma überhaupt erledigt werden könnte, glaube ich hier
auf dieselbe mich nicht weiter einlassen zu sollen[25]). Dagegen gehört
ganz entschieden zu den von mir zu prüfenden Materialien noch eine
Stelle der Hænsa-Þóris saga, welche bisher, wie es scheint, nur allzu
wenig Beachtung gefunden hat. Von Jón Sigurðsson im zweiten Bande
der Íslendínga sögur (Kopenhagen, 1847) herausgegeben, und bereits
ein paar Jahre zuvor von P. A. Munch im zweiten Hefte seiner „Sagaer
eller Fortællinger om Nordmænds og Islænderes Bedrifter i Oldtiden"
(Christiania, 1845) ins Dänische übersetzt, beruht der uns erhaltene Text
dieser Sage nur auf einem einzigen Membranfragmente aus der ersten
Hälfte des 15. Jhdts. (AM. 162, fol.), welches leider die hier in Frage
stehende Stelle nicht umfasset, und ausserdem auf einer langen Reihe
von Papierhss., welche sammt und sonders aus einer gemeinsamen Quelle
geflossen zu sein scheinen. Jón Sigurðsson glaubt diese gemeinsame
Vorlage in eben dem Codex suchen zu sollen, von welchem jenes uns
erhaltene Bruchstück herrührt (vgl. S. XV der Vorrede zu seiner Ausgabe der Sage); Guðbrandur Vigfússon dagegen will sie in der oben
schon besprochenen Vatnshyrna finden, die ja auch diese Sage nachweisbar enthielt (siehe dessen Vorrede zu den Fornsögur, S. XIV, Anm.).
Mag sein, dass beide Vermuthungen gleichmässig richtig sind, und dass
jener theilweise erhaltene Codex selbst wider aus der Vatnshyrna geflossen ist; wie dem aber auch sei, der Text der Sage darf für uns als
ziemlich gesichert gelten, soferne unter deren Papierhss. solche von der
Hand des Jón Gizurarson á Núpi († 1648), sèra Jón Erlendsson († 1672),
Einarr Eyjúlfsson († 1695), Jón Vigfússon (im Jahre 1689 geschrieben),
dann eines unbekannten Schreibers um 1670, und des bekannten Ásgeirr
Jónsson vorliegen, der so Vieles für Þormóður Torfason und Árni
Magnússon schrieb (eine weitere von sèra Ketill Jörundsson zu Hvammur,
† 1670, geschriebene ist verloren), und da auch die Vatnshyrna nur
wenig älter als jener andere Codex gewesen sein kann, ist auch in
litterargeschichtlicher Beziehung jene Frage vergleichsweise nur von geringer Bedeutung. Es enthält aber die Sage zwar Nichts über die Gesetzgebung Úlfljóts; allein sie berichtet dafür um so ausführlicher über
die Zerwürfnisse zwischen Þórður gellir und Túngu-Oddr, und erzählt

insbesondere, im Ganzen mit Ari übereinstimmend, wenn auch im Einzelnen gar vielfach von ihm abweichend, wie jener Erstere seine Sache, nachdem der Versuch sie am þingnessþíng durchzuführen misglückt war, ans Allding gebracht habe, und wie dieselbe hier, nachdem vorher ein nicht unblutiger Kampf stattgefunden hatte, auf Grund eines von unpartheiischen Männern unternommenen Vermittlungsversuches schliesslich mit der Verfällung aller bei dem Mordbrande Betheiligten in die Acht oder Landesverweisung erledigt worden sei. Dabei findet sich mitten in den Bericht über die am Alldinge gepflogenen Vergleichsverhandlungen eine längere Stelle eingeschoben, welche sich auf die von Ari erwähnte Rede des þórður gellir, und die durch sie veranlasste Ordnung der Bezirksverfassung bezieht, und diese Stelle ist es, welche für meinen Zweck bedeutsam wird; sie lautet, cap. 14, S. 172—4: „Sitja menn nú yfir málum, ok leita at sætta þá.[þórðr gellir talaði þá langa tölu ok snjalla at lögbergi, ok tjáði þat, hversu illa mönnum gegndi at fara í úkunnig þing at sækja um víg eðr harma sína at reka, ok sagði nú hversu mikit honum varð fyrir, áðr hann gat þessu máli til skila komit, ok kvað mörgum manni mein mundu at verða þessu vandræði, ef eigi veri bætr á ráðnar: fyrir því, sagði hann, at hér til hafa þat lög verit, at sakir skal sækja á því þingi er næst er vetfánginu, en þá er landinu var skipt í fjórðúnga, var svo skipat, at þrjú voru þing í fjórðúngi hverjum, nema í Norðlendínga fjórðúngi voru IIII, ok því svo, at þeir urðu eigi á annat sáttir: þeir er voru fyrir norðan Eyjafjörð vildu eigi þángat sækja þing, enda eigi í Skagafjörð þeir er fyrir vestan voru, en þó skyldi jöfn dómnefna á alþingi or þeirra fjórðúngi sem or einhverjum öðrum; af því skal einn maðr þaðan sitja fyrir forráðsgoðorð, at þeir goðar vildu allir setið hafa; en síðan voru sett fjórðúngsþíng; svo sagði mér Úlfhéðinn Gunnarsson. Nú er setið at málunum,] ok hortir Oddi þúngliga, fyrir þat mest at mikit ofrefli var í móti." — Jón Sigurðsson hat bereits mit gewohntem Scharfblicke erkannt, dass diese Stelle ein späteres Einschiebsel in den ursprünglichen Text der Sage enthalte (vgl. S. 172—4, Anm. 28, seiner Ausgabe, sowie S. XIV—XV der Vorrede zu derselben), und es kann nicht schwer halten die von ihm gewiesene Spur weiter zu verfolgen. Die Worte: „þórðr gellir talaði" bis „nú er setið at málunum" unterbrechen augenscheinlich den Zusammenhang der Erzählung, welcher sich sofort widerherstellt, sowie man sie tilgt und liest: „Sitja menn nú yfir málum, ok leita at sætta þá, ok hortir Oddi þúngliga", u. s. w. Sie passen ferner auch ihrem Inhalte nach ganz und gar nicht an die Stelle, an welcher sie stehen; so begreiflich es nämlich ist, dass Þórður gellir, wie Ari ihn thun lässt, nach mühevoller Durchführung des Rechtsstreites eine Verbesserung der Gerichtsverfassung beantragt und durchsetzt, welche den in jenem Processe so klar hervorgetretenen Mängeln der bestehenden Rechtsordnung abzuhelfen bestimmt ist, so wenig will es doch passen, wenn derselbe mit diesem seinem Vorschlage in einem Zeitpunkte hervortreten soll, in welchem jene Streitsache noch im Laufe, und im Stadium der Vergleichsverhandlungen begriffen ist, und wie konnte der Mann in diesem Momente vollends von der grossen Mühe sprechen, die ihn das Zuendeführen des Processes gekostet habe? Endlich zeigt auch die Wortfassung der Stelle, dass dieselbe nur ein Excerpt, und zwar ein sehr ungeschicktes Excerpt, aus einer älteren Quelle ist, und selbst die oberflächlichste Vergleichung derselben mit den oben, S. 4—5 ausgeschriebenen Worten unserer Íslendíngabók muss die Ueberzeugung begründen, dass diese letztere mit dieser in nächster Berührung stehen müsse. Die Uebereinstimmung unseres Einschiebsels mit der Íslendíngabók, wie sie uns vorliegt, ist vielfach eine wörtliche, nur dass der Interpolator allenfalls deren Worte etwas amplificirt, oder für ältere Ausdrücke und Wendungen neuere setzt (vgl. z. B. bei Ari die Worte: „þá talþi þórþr gellir tölo umb at lögbergi", „at sœkja of víg eþa harma sína", „vettvángi", mit denen unserer Stelle: „þórðr gellir talaði þá lánga tölu ok snjalla at lögbergi", „at sækja um víg, eðr harma sína at reka", „vetfánginu", u. dgl. m.); er legt gelegentlich dem þórður gellir Worte in den Mund, welche doch die Íslendíngabók ihren Verfasser von sich aus schreiben, und in ganz anderen Zusammenhang bringen lässt („fyrir því, sagði hann, at hèr til hafa þat lög verit", u. s. w. in unserer Sage), ja er schreibt dem Ari sogar die Bezugname auf den Gesetzsprecher Úlfheðin, welchem Jener seine Nachrichten über die legislative Neuerung zu verdanken erklärte, in der plumpsten Weise von der Welt nach. Man mag diese letzteren Worte, die man jedenfalls nicht durch eine willkürliche Conjectur beseitigen darf, wie Munch gethan hat (er übersetzt, S. 30: „saaledes fortalte

Lovsigemanden Ulfhedin Gunnarssön Prosten Are den Kyndige"), mit Jón Sigurðsson so verstehen, als ob die Berufung auf den im Jahre 1116 verstorbenen Úlfhèðin dem um das Jahr 965 sprechenden þórður gellir in den Mund gelegt sein wollte, oder man'mag, was mir ebenfalls zulässig scheint, die Worte von „en þá er landinu var skipt i fjórðúnga" angefangen dem Interpolator selber vindiciren, immer bleibt die Thatsache gleichmässig bestehen, dass dieser letztere einen von Ari für sich angeführten Gewährsmann zum Gewährsmanne einer ganz anderen, und zu einer ganz anderen Zeit lebenden Person gemacht hat. Bei solcher Unbeholfenheit des Interpolators darf man natürlich darauf kein Gewicht legen, dass die von ihm gewählte Wortfassung allenfalls die Annahme begründen könnte, die Eintheilung der Insel in Viertel und Dingbezirke, welche unsere Íslendíngabók auf þórð's Antrag erfolgen lässt, sei bereits in einer anderen und früheren Zeit entstanden; irgend ein Misverständniss, ja sogar eine blose Uebereilung im Excerpiren konnte genügen, um dem Excerpte jene wunderliche Gestalt zu geben, deren Bedenklichkeit sich ohnehin sehr vermindert, wenn man vor den Worten „en þá er landinu" statt des Comma ein Punkt setzt. Aber eine Bemerkung enthält das Einschiebsel doch, welche demselben ausschliesslich eigen ist, und welche insbesondere aus der Íslendíngabók, so wie sie uns vorliegt, nicht geflossen sein kann, die Worte nämlich: „af því skal einn maðr þaðan sitja fyrir förráðs goðorð, at þeir goðar vildu allir sotið hafa." Ich bin mit Jón Sigurðsson, welchem dieser Umstand natürlich auch nicht entgangen ist, darüber einverstanden, dass diese Worte irgend einer älteren Quelle entnommen sein müssen, und dass sie unsere vollste Aufmerksamkeit verdienen; aber für so unverständlich, wie er thut, möchte ich dieselben nicht halten, wenngleich auch mir das Excerpt des Interpolators sehr unvollständig zu sein scheint, und ebenso halte ich den Versuch nicht für hoffnungslos, der Quelle auf den Grund zu kommen, aus welcher dasselbe stammt. Um zunächst zu einer Erklärung der dunkelen Worte zu gelangen, gehe ich von der unzweifelhaft feststehenden Thatsache aus, dass das Nordland ausnamsweise in 4, nicht wie die übrigen Landesviertel in 3 Dingbezirke (þíngsóknir) zerfiel, und somit auch 12 Gerichtsherrschaften (goðorð) statt 9 zählte. Nun sagt uns unsere Íslendíngabók, dass diese Abweichung von der Regel localer

Bedürfnisse und Wünsche wegen bewilligt wurde, und sie sagt uns auch, dass dieselbe nur für die Bezirksregierung (hèraðsstjórn) gelten sollte, während bezüglich der Regierung des gesammten Landes (landsstjórn) den Nordländern nicht mehr Einfluss eingeräumt wurde als den Angehörigen der übrigen Landesviertel, und dass also, soweit die Bildung der gesetzgebenden Versammlung (lögrètta) und die Besetzung der vier Gerichte (fjórðúngsdómar) am Alldinge in Frage kam, die 12 Herrschaften des Nordlandes mit den 9 Herrschaften der drei anderen Viertel gleichgehalten werden sollten. Wie dabei die Ausgleichung bezüglich der Viertelsgerichte erfolgte, wird uns nirgends ausdrücklich gesagt, und lässt sich demnach nur aus anderweitig bekannten Thatsachen erschliessen. Wir wissen aus der Grágás, §. 57, S. 98, dass das Frühlingsgericht jedes einzelnen Dingbezirkes mit 36 Richtern besetzt war, und die Eigla, cap. 57, S. 123, belehrt uns, dass dieselbe Zahl von Richtern auch bereits in der ersten Hälfte des 10. Jhdts. am norwegischen Guladinge zu sitzen pflegte, dessen Recht ja wenig früher den Úlfljótslög als Muster gedient hatte. Die Zahl von 36 Richtern scheint hiernach für das altisländische Recht festzustehen, und wie 3 Volklande (das Hörða-, Sygna- und Firðafylki) mit je 12 Richtern die 36 Richter des norwegischen Guladinges, dann 3 goðorð mit je 12 Richtern die 36 Richter des isländischen vorþing lieferten, so scheinen auch die 12 (13) Dingbezirke der Insel mit je 12 Richtern die 4 × 36 Richter für die vier Viertelsgerichte des isländischen Alldinges gestellt zu haben, und es spricht für die Richtigkeit dieses Schlusses nicht nur der weitere Umstand, dass nach der Grágás, §. 43, S. 77, und §. 47, S. 82, dann der Njála, cap. 98, S. 150 und cap. 145, S. 243—4, auch für das später eingeführte fünfte Gericht (fimtardómur) an jener Zahl von 36 Richtern festgehalten wurde, obwohl man hier eines sehr complicirten Verfahrens bedurfte um zu derselben zu gelangen, sondern es sagt uns auch die Njála, cap. 98, S. 150, gerade heraus, dass aus jedem Landesviertel 36 Richter in die Viertelsgerichte geschickt wurden, was, da dieser Gerichte ebenso wie der Landesviertel vier waren, für jedes der ersteren wider eine ebensolche Mitgliederzahl ergiebt. Wenn demnach die Grágás, §. 20, S. 38, vorschreibt, dass jeder einzelne Gode je einen Richter ernennen solle, so kann diess nur dahin verstanden werden, dass von jedem Goden je ein Richter für jedes der vier Viertelsgerichte zu ernennen war, und sollten die 12 Häuptlinge des Nordlandes auf die Besetzung dieser Gerichte keinen grösseren Einfluss üben als die 9 Häuptlinge jedes anderen Viertels, so ist klar, dass jeder von ihnen statt 4 Richtern ausnamsweise nur 3 zu ernennen gehabt haben kann; dabei mag dann das Loos darüber entschieden haben, in welches Viertelsgericht jeder einzelne nordländische Gode seine Richter zu schicken habe, und möchte ich gerade hierauf die sonst kaum verständlichen Worte der Grágás, §. 20, S. 39 beziehen: „Ef goþi nefnir þann mann i dóm er frá var skiliþr, eþa nefnir i annan dom enn hann hafi hlotit, oc er hann vtlagr vm þat hvattveggja III. morkvm oc or goþorþi"[26]). Dagegen bezeugt uns hinsichtlich der gesetzgebenden Versammlung die Grágás, §. 117, S. 211—12, ausdrücklich, dass in dieser umgekehrt die 12 Häuptlinge des Nordlandes sammt und sonders Sitz und Stimme hatten, wogegen für diese Körperschaft aus jedem Dingbezirke der 3 anderen Landesviertel noch je ein vierter Mann hinzugewählt wurde, damit auch jedes dieser anderen Viertel seine 12 Vertreter habe; da ausser den Goden selbst auch noch je zwei Beisitzer für jeden derselben in der lögrètta sassen, betrug somit die Gesammtzahl ihrer ordentlichen Mitglieder 144, — genau dieselbe Zahl, welche auch die Richter der 4 Viertelsgerichte zusammen ausmachten. Ich habe früher, ohne dass die Hænsnþóris s. mir noch zugänglich gewesen wäre, diese Verschiedenheit des Verfahrens daraus zu erklären gesucht, dass man keinen der 39 Häuptlinge von der gesetzgebenden Versammlung völlig ausschliessen wollte, während man kein Bedenken trug, den Antheil der nordländischen Goden an der Ernennung der Richter zu schmälern (Die Entstehung des isländischen Staats und seiner Verfassung, S. 178), und in der That handelte es sich dort um den persönlichen Einfluss auf den Gang der Gesetzgebung und sonstiger Staatsangelegenheiten, hier nur mehr um ein formales Ehrenrecht ohne erhebliche praktische Bedeutung, während noch obendrein hier nur eine Schmälerung, dort dagegen eine völlige Entziehung eines den Goden principiell zukommenden Rechtes in Frage war. Genau dasjenige, was ich hiemit als den Grund des bezüglich der lögrètta ergriffenen Auswegen vermuthet hatte, scheint mir nun das Einschiebsel unserer Sage ausdrücklich als solchen zu bezeichnen. Hinsichtlich der Richterernennung nämlich beschränkt sich der Interpolator ganz ebenso wie unsere Íslendíngabók auf die Bemerkung, dass bezüglich ihrer das Nordland vor den übrigen Vierteln keines Vorzuges geniessen solle; aber anders als diese letztere Quelle erstreckt er dieselbe nur auf die dómnefna, nicht auch auf die lögrèttuskipan, und wenn er zwar auch in den oben ausgehobenen, unmittelbar folgenden Worten dieser letzteren nicht ausdrücklich erwähnt, so können dieselben, wenn sie überhaupt einen vernünftigen Sinn haben sollen, doch nur auf diese sich beziehen: nur in der gesetzgebenden Versammlung, nicht auch in den Gerichten, hatten die Goden überhaupt einen Sitz anzusprechen, und die Meinung der fraglichen Worte kann demnach nur die sein, dass darum, weil keiner der nordländischen Gerichtsherren auf seinen Sitz in der lögrètta verzichten wollte, für die übrigen Viertel noch je einem Manne aus jedem Dingbezirke Sitz und Stimme eingeräumt worden sei. Die nicht ausdrückliche Erwähnung der lögrètta kann bei der grenzenlosen Ungeschlachtheit unseres Interpolators kaum auffallen; um so auffälliger ist dagegen die von ihm gebrauchte Bezeichnung „fórráðsgoðorð", welche in keiner weiteren Quelle sich findet, und zumal auf unsere Íslendíngabók nur irrthümlich von Munch zurückgeführt wird (Norwegische Geschichte, I, 2, S. 156, Anm. 3). Die sprachliche Deutung des Wortes, das doch wohl forráðsgoðorð, nicht fórráðsgoðorð zu schreiben ist, macht Schwierigkeiten. Munch will den Ausdruck (S. 30 seiner Uebersetzung, und S. 156 seiner norwegischen Geschichte, I, 2) auf die nordländischen Godorde beziehen, und meint, diese wollten durch denselben als getheilte oder unvollständige bezeichnet werden; aber ich sehe weder ein, wie das Wort zu dieser Bedeutung kommen sollte, noch scheint mir der Sinn der Stelle dessen Beziehung auf die Godorde des Nordlandes zu gestatten. Nicht das bedarf nämlich der Erklärung, dass für jedes der nordländischen Godorde ein Mann in der lögrètta sass, denn das war eine einfache Folge der Godenwürde und auch bei allen andern Godorden der Fall, sondern umgekehrt das, dass für die übrigen Landesviertel neben den Goden noch je 3 weitere Männer sassen, die doch keine Goden waren; von dem letzteren Umstande, nicht von dem ersteren muss somit bei der Auslegung unserer Stelle ausgegangen, also auch der Ausdruck forráðsgoðorð mit den übrigen Vierteln, nicht mit dem Nordlande in Verbindung gebracht werden. Mir scheint nun, dass man, um die Gleichheit mit dem Nordlande herzustellen, zu Gunsten jedes der 9 Dingbezirke der 3 übrigen Landesviertel noch ein viertes Godord zu den wirklich bestehenden dreien hinzufingirte, und dass eben diese fingirten Godorde es waren, welche als forráðsgoðorð bezeichnet wurden. Das Wort forráð (an forað, d. h. Gefahr, Verderben, Grausen, ist natürlich nicht zu denken, obwohl auch hiefür zuweilen forráð geschrieben steht) bedeutet bekanntlich soviel als Herrschaft, Verwaltung, Pflege. Oft genug wird für das Godord die Bezeichnung mannaforráð gebraucht. und auch auf die königliche Gewalt finden die Ausdrücke forráð, að ráða fyrir, u. dgl. unbedenkliche Anwendung. Forráðsmaður heisst ein Anführer, aber auch ein Verwalter; einen Mann, welchem die Dispositionsbefugniss über sein eigenes Vermögen zusteht, bezeichnet man als einen „er forráð á aura sinna" (Grágás, §. 228, S. 164); der Ehemann ist „rèttr forráðandi fjár" seiner Frau (Grágás, Festa þ., cap. 54, S. 377), ganz wie der Vormund eines Minderjährigen „lögráðandi fjár" desselben heisst, (Grágás, §. 4, S. 17), und wenn der letztere auch wohl schlechtweg als „lögráðandi" des Minderjährigen selbst (ebenda), oder der Geschlechtsvormund eines Weibes als „lögráðandi hennar" bezeichnet wird (ebenda, §. 144, S. 34, 35, und öfter), so wird diesem letzteren auch wohl ausdrücklich ein „forráð hennar" beigelegt (Ólafs s. ens helga, cap. 97, S. 105, edd. Munch und Unger); endlich liegt es auch nur wenig ab, wenn wider andere Male das Wort im Sinne von Verfügung, Bestimmung, steht, wie etwa wenn einmal ein Kaufmann, welchem der heilige Ólaf ein Commissionsgeschäft anträgt, demselben antwortet, das solle „á hans forráði" sein (ang. Ort, cap. 49, S. 50), oder wenn die Grágás, §. 24, S. 45, vorschreibt, jeder Gode solle rechtzeitig seine Richter ernennen oder im Verhinderungsfalle einen Andern mit deren Ernennung beauftragen, und es solle dann „hvers þeirra forráð jafn rètt, er þá er til tekinu," u. dgl. m. Da mochte nun jenes fingirte Godord, dessen Vertreter jedesmal von den 3 wirklichen Godon des betreffenden Bezirkes erwählt wurde, als ein unter ihrer gemeinsamen Pflege und Verfügung stehendes betrachtet worden sein, und dessen Bezeichnung als „unter Administration stehendes Godord" mag sich von hier aus wohl erklären lassen. Wie dem aber auch sei, soviel darf jedenfalls als sicher betrachtet werden, dass unser Interpolator einen

11*

so alterthümlichen und zugleich in keiner anderen uns erhaltenen Quelle vorkommenden Legalausdruck nur aus einer sehr alten und sehr verlässigen Quelle bezogen haben kann; wir werden kaum fehlgehen, wenn wir dieselbe wider in jener ersten Redaction der Íslendíngabók suchen, mit deren uns vorliegendem umgearbeitetem Texte das Einschiebsel sich so genau berührt, und wir sehen somit auch hier wider, wie dieser umgearbeitete Text unter Beibehaltung des wesentlichen Inhaltes und gutentheils auch der Wortfassung der älteren Recension diese doch in Nebenpunkten nicht unerheblich gekürzt und verändert widergab. Da die Interpolation einerseits in der mechanischsten Weise in die Sage hineingeschoben wurde, mit welcher dieselbe von Haus aus nicht das Mindeste zu thun hatte, und andererseits in unseren sämmtlichen Papierhss. mit alleiniger Ausname zweier sehr junger und ziemlich schlechter gleichmässig zu finden ist, lässt sich übrigens zwar mit Sicherheit annemen, dass dieselbe bereits in der Vatnshyrna gestanden haben werde, aber in keiner Weise feststellen, ob dieselbe erst von deren Schreiber herrühre, oder auch von diesem bereits in der von ihm gebrauchten Vorlage vorgefunden worden sei; ein genaueres Eingehen auf die sehr verwickelte Frage nach dem Alter der Hænsa-þóris s. selbst verspricht demnach für meinen Zweck keinen Nutzen, und kann desshalb an diesem Orte füglich unterbleiben.

Fasse ich nun schliesslich die Ergebnisse meiner bisherigen Untersuchung kurz zusammen, so sind es folgende. In litterargeschichtlicher Beziehung hat sich, wenn ich von den Resultaten absehe, welche hinsichtlich der Entstehungsgeschichte des þorsteins þ. uxafóts, der þórðar s. hreðu, dann der Melabók beiläufig gewonnen wurden, herausgestellt, dass die uns allein erhaltene zweite Bearbeitung der Íslendíngabók Ari's keineswegs blos dadurch von der uns verlorenen ersten Redaction derselben sich unterschieden hatte, dass in jener ersteren die in dieser letzteren enthaltenen Stammtafeln und Königsgeschichten weggelassen worden waren, sondern auch durch eine ungleich strammere und knappere Fassung, welche trotz aller oft wörtlichen Uebereinstimmung mit jenem früheren Entwurfe doch vielfach einzelne Notizen, welche dieser ausführlicher gebracht hatte, verkürzt, und einzelne Angaben, welche derselbe enthalten hatte, völlig beseitigt zeigte. Herausgestellt hat sich

aber auch, dass im 13. und wohl auch noch im 14. Jhdt. jene ältere
Recension der Íslendíngabók noch vielfach neben der neueren gebraucht
und ausgeschrieben wurde, so dass wir manche aus ihr stammende Notizen, welche aus dem uns vorliegenden Texte des Werkes verschwunden
sind, in anderen Quellen allenfalls noch nachzuweisen im Stande sein
mögen. Als solche Excerpte aus der älteren Íslendíngabók wurden dabei
zunächst die Angaben erkannt, welche einerseits die Hauksbók und der
þorsteins þ., andererseits die þórðar s. hreðu und der Anhang zur jüngeren
Melabók über die Gesetzgebung Úlfljóts und die Ordnung der Bezirksverfassung Islands im Wesentlichen übereinstimmend bringen, und liess
sich dabei feststellen, dass für die ersteren beiden Werke die Bearbeitung
der Landnáma sei es nun des Styrmir oder des Sturla, für die beiden
letzteren dagegen die von Snorri Markússon redigirte älteste Melabók
als Mittelglied gedient hatte; weiterhin durfte aber auch das auf die
Ordnung der Bezirksverfassung bezügliche Einschiebsel der Hænsa-þóris
s., und vielleicht sogar die in der Eyrbyggja und in der Kjalnesínga s.
enthaltene Beschreibung altisländischer Tempel auf dieselbe Quelle zurückgeführt werden. Für die Verfassungsgeschichte aber des isländischen Freistaates dürfte der sich ergebende Gewinn darinn bestehen, dass durch die Zurückführung der eben bezeichneten Quellenstellen auf die ältere Redaction der Íslendíugabók nicht nur deren Glaubwürdigkeit im Allgemeinen festgestellt, sondern überdiess ein sicheres
Princip ermittelt ist, von welchem aus für den Fall einer Abweichung
derselben von der uns vorliegenden jüngeren Bearbeitung dieses Werkes
die Entscheidung über deren Werth oder Unwerth sich bestimmen zu
lassen hat. Ergeben sich Widersprüche zwischen solchen Stellen und
unserer Íslendíngabók, so ist zunächst zu untersuchen, ob diese nicht
vielleicht nur durch irgendwelche Ungeschicklichkeit veranlasst seien,
welche bei der Benützung des älteren Werkes Ari's begangen wurde,
sei es nun beim Excerpiren, oder bei der Einschaltung des Excerptes
in die dasselbe enthaltende Quelle; sollte sich aber auch eine derartige
Erklärung der Discrepanz nicht entdecken lassen, so würden wir uns
dennoch unbedenklich für die Angaben der neueren Íslendíngabók zu
entscheiden haben, weil ja Ari selber erklärt, in seiner späteren Bearbeitung manche Aenderungen auf Grund inzwischen erlangter zuverläs-

sigerer oder genauerer Nachrichten vorgenommen zu haben, und somit
der von ihm selber reformirte Text unzweifelhaft grössere Autorität anzusprechen hat als der nicht reformirte. Zeigt die Ueberlieferung irgend
welche Unklarheit, während unsere verschiedenen Texte in ihrer Wortfassung auseinandergehen, so mögen dieselben sämmtlich als Interpre-
tationsbehelfe verwendet werden, nur dass dabei natürlich dem unter
ihnen bestehenden Filiationsverhältnisse stets die gebührende Rechnung
zu tragen ist. Ergänzen sich endlich die verschiedenen Texte gegen-
seitig, indem der eine Notizen enthält, welche dem anderen fehlen,
während sie doch mit dessen übrigem Inhalte wohl vereinbar sind, so
dürfen dieselben unbedenklich alle neben einander gebraucht werden,
da ja, wenn die neuere Íslendingabók sich als die reichere erweist, angenommen werden muss dass diese ihre Bereicherung auf Zusätzen beruhe, welche Ari selber wohl überlegt auf Grund weiterer ihm zugegangener
Nachrichten gemacht habe, während in dem umgekehrten Falle, da die
ausnamsweise erhaltenen Ueberreste seiner älteren Redaction ein Mehreres
enthalten, immerhin vermuthet werden darf, dass dieses Mehr lediglich
durch die kürzere Fassung der jüngeren Bearbeitung beseitigt, keineswegs aber als unglaubwürdig gestrichen worden sein werde. So wird
demnach, um sofort die wichtigeren Consequenzen aus diesen Grundregeln
zu ziehen, vor Allem daran festgehalten werden müssen, dass die Eintheilung der Insel in ihre vier Landesviertel, sowie die Feststellung der
13 Dingbezirke, in welche diese wider zerfielen, nicht etwa schon durch
die Úlfljótslög eingeführt worden sei, sondern erst um reichlich 30 Jahre
später auf den Antrag des Þórður gellir. Während Jón Eiríksson diesen
Sachverhalt bereits richtig erkannt hatte (vgl. Jón Árnason, Historisk
Indledning til den gamle og nye islandske Rættergang, Kopenhagen,
1762, S. 312, und Holberg, Danmarks og Norges geistlige og verdslige
Staat, Kopenhagen 1762, S. 508—9), haben neuere isländische Verfasser
durch die Haukabók sich zu der entgegengesetzten Annahme verführen
lassen (z. B. Jón Sigurðsson, in seiner Anmerkung zur Hænsa-Þóris s.,
S. 174; Guðbrandur Vigfússon, um tímatal, S. 299—300); ich selber
(Entstehung des isländischen Staates und seiner Verfassung, S. 158)
bin ebenso wie Munch (Norwegische Geschichte, I, 2, S. 155—7) schon
früher zu jener ersteren Ansicht zurückgekehrt; dass diese aber in der

That die richtige sei, und dass die abweichende Angabe der Hauksbók
und des Þorsteins þ. lediglich auf der verkehrten Einstellung eines allzu
buchstäblichen Excerptes aus der älteren Íslendíngabók beruhe, dürfte
oben bereits genügend dargethan, und nicht minder auch bereits nachgewiesen sein, dass bezüglich des Einschiebsels in die Hænsa-Þóris s.
ein Gleiches zu gelten hat, falls man nicht etwa vorziehen sollte, hier
durch Aenderung der Interpunction und an diese sich anschliessende
andere Auslegung abzuhelfen. Die Angaben ferner der oben genannten
4 Quellen über den Tempelring und die für den gerichtlichen Eid vor-
geschriebene Schwurformel, dann über den Schutz, welchen die Úlfljótslög
den Landgoistern gewährten, dürfen als vollkommen verlässig und glaub-
würdig gelten, obwohl unsere Íslendíngabók von ihnen Nichts weiss;
genau dasselbe muss aber auch von den Nachrichten über die Verbindung
des allsherjargoðorð mit dem Geschlechte Íngólfs, sowie über die Nennung
der þíngmörk in der für die Hegung des Alldinges gebrauchten Formel
gelten, obwohl von Beidem nur in der Þórðar s. und der jüngeren Mels-
bók Erwähnung geschieht. Endlich ist auch die Motivirung zu acceptiren,
welche das Einschiebsel der Hænsaþóris s. für die Art der Besetzung
der lögrètta an die Hand giebt, und der Name der forráðsgoðorð als
ächt und alterthümlich anzuerkennen, obwohl in beiden Beziehungen jener
unbehulfenste aller Interpolatoren durch keine anderweitige Quelle unterstützt lediglich auf seiner eigenen Autorität zu ruhen scheint.

Anmerkungen.

1. In seiner vortrefflichen Abhandlung: Om Ridderen og Rigsraaden Hr. Hauk Erlendssön, Islands, Oslo og Gulathings Lagmand, og om hans literære Virksomhed (in den Annaler for nordisk Oldkyndighed og Historie, 1847), S. 207—8, hat Munch auf die Bedeutsamkeit des Herrentitels hingewiesen, und daraus dass Haukur denselben zwar in der Fóstbrœðra s. und in der von seiner Hand geschriebenen Þorfinns s. karlsefnis, nicht aber in der Landnáma und Kristni s. führe, den Schluss ziehen wollen, dass diese beiden Quellen vor, jene beiden dagegen nach dem Jahre 1304 geschrieben seien, als in welchem Jahre Haukur bereits Ritter gewesen sei. Jón Þorkelsson hat sich bereits gegen diese Folgerung erklärt (Nokkur blöð úr Hauksbók, Reykjavík, 1865, S. XVI), und ich kann auch meinerseits deren Stringenz in keiner Weise zugeben. Bezüglich der Kristni s. und Fóstbrœðra s. scheint zunächst ein Uebersehen im Spiele zu sein, denn in keiner von beiden Quellen finde ich den Hauk auch nur genannt, wogegen die Þorfinns s., cap. 15, S. 442 (Grönlands historiske Mindesmærker, I) ihm allerdings den Herrentitel beilegt. Anderntheils finde ich unter den mir zugänglichen norwegischen Urkunden dem Manne jenen Titel, wenn ich von einer undatirten, aber wohl um 1305 ausgestellten absehe, erst in zwei vom 10. und 12. April 1306 datirten beigelegt (Diplomatarium Norvegicum, I. nr. 104, S. 96; II. nr. 82, S. 72; III, nr. 64, S. 73), während derselbe in Urkunden aus den Jahren 1302, 1303, und vielleicht selbst noch 1304 fehlt (ebenda, II, nr. 66, S. 58; I, nr. 97, S. 82, und nr. 103, S. 93, welche letztere Urkunde undatirt ist). Aber zugegeben, dass Haukur schon im Jahre 1304 als Ritter, oder selbst schon im Jahre 1303 als Herr bezeichnet sich nachweisen lässt (Ersteres nach Munthe, in den Samlinger til det Norske Folks Sprog og Historie, I, S. 170, und Munch, ang. O., S. 178; Letzteres nach Finn Magnússon, Grönlands hist. Mindesm., I, S. 341, so darf doch aus dem Fehlen des Herrentitels in dem einen oder anderen von seiner Hand herrührenden Schriftstücke in keiner Weise auf dessen Entstehung vor jenem Jahren geschlossen werden, da ja der Lögmann denselben sogar in von ihm selbst ausgestellten officiellen Urkunden aus späteren Jahren noch oft genug wegliess, wie diess Documente aus den Jahren 1310, 11, 13, 16, 18, 21, 22 und 1332 evident darthun (Diplom. Norveg. I, nr. 147, S. 129—30; nr. 153, S. 136; nr. 155, S. 143; nr. 220, S. 172; II, nr. 103, S. 90; nr 116, S. 102; III, nr. 98, S. 94; nr. 114, S. 111; nr. 124, S. 119; V, nr. 57, S. 54).

2. Die Belege findet man bei Jón Sigurðsson, Lögsögumannatal og lögmanna á Íslandi, S. 44—5, 46, 48—9, und 58—9, (im Safn til sögu Íslands og íslenzkra bókmennta, II; Kopenhagen, 1860).

3. Vgl. Odd's Ólafs s. Tryggvasonar, cap. 58, S. 55, und cap. 60, S. 60 der Stockholmer Recension, sowie S. 64 und 68 der Upsalaer Fragmente, in Munchs Ausgabe; ferner cap. 67, S. 354, und cap. 69, S. 363, der Kopenhagener Recension, in Bd. X der Fornmanna sögur. Die Angabe der norwegischen Heimat Þorsteins fehlt nur in der letzteren Recension, der jüngsten, und auch in ihr doch wohl nur zufällig. Vgl. ferner Heimskringla, Ólafs s. Tryggvasonar, cap. 102, S. 301; Fagrskinna, § 60, S. 66; endlich die ausführlichere Ólafs s. Tryggva-

Anm. 4 u. 5. 89

sonar, cap. 233, 255 und 256, in den FMS., II, S. 261 und 329—30, dann III, S. 4. Die Angaben der letzteren sind auch in die Flateyjarbók übergegangen, I. S. 452, 491 und 494, so wenig auch die letzte derselben zu deren Þorsteinn Þ. passen will.

4. Die Chronologie des Þorsteins Þ. ergiebt sich daraus, dass derselbe den Þorstein im Alter von 12 Jahren Norwegen besuchen und dort zwei Winter zubringen, dann drei Winter auf Island bleiben und nach deren Ablauf nach Norwegen zurückkehren lässt, während er andererseits angiebt, dass seine Rückkunft in dieses Reich gerade in die Zeit des Regierungsantrittes des Königs Ólafur Tryggvason gefallen sei (Flbk. I, S. 256—7). Da dieser letztere Vorgang unzweifelhaft dem Jahre 995 angehört, müsste somit Þorsteinn im Jahre 978 geboren und im Jahre 985 sieben Jahre alt geworden sein; in beiden Zeitpunkten aber wird Geitir als Hausgenosse seines Sohnes erwähnt (S. 252—3, ebenda). Ueber das wirkliche Alter Geitir's fehlen uns genauere Angaben; doch zeigt die Vopnfirðinga s., dass er bei seinem Tode, welchen die Annalen mit seltener Einstimmigkeit dem Jahre 987 zuweisen, noch ein kraftvoller Häuptling war, und da er überdiess (ebenda, S. 5) als ein Altersgenosse Broddhelgi's bezeichnet wird, lässt sich noch ein etwas präciserer Schluss aus dem Alter dieses letzteren ziehen. Wir wissen nämlich, dass Þorsteinn hvíti erst nach der Landnamezeit, also gewiss nicht vor 900, nach Island herüber kam (Þorsteins Þ. hvíta, S. 35), dann dass er volle 60 Jahre zu Hof im Vopnafjörður sass, nachdem er zuvor ein paar Jahre auf einem anderen Gute gewohnt hatte (Vopnfirðinga s., S. 3; Landnama, IV, cap. 1, S. 239); vor den Jahren 960—65 kann derselbe somit unmöglich gestorben sein. Wir hören aber auch, dass Þorsteins Enkel, Broddhelgi, 3 Jahre alt war, als sein Vater Þorgils im Alter von 30 Jahren erschlagen wurde, und dass er 18 Jahre alt war, als Þorsteinn fagri ein Jahr vor seines Grossvaters Tod diesen verliess (Þorsteins Þ. hvíta, S. 43 und 44—47). Setzen wir also den weissen Þorsteins Tod in das Jahr 965, so ergiebt sich für die Geburt des Þorgils das Jahr 919, was recht wohl zu dem Umstande passt, dass Þorsteinn erst nach seiner Niderlassung in Island heirathete und dass Þorgils erst dessen dritter Sohn war (S. 35, ebenda); für Broddhelgi's Geburt aber würde sich das Jahr 946 berechnen, und der gleichalterige Geitir somit bei seinem Tode erst in den Vierzigen gewesen sein (vgl. Guðbrand Vigfússon, Um timatal í Íslendínga sögum, Im Safn til sögu Íslands, I, S. 26ii).

5. Dass die Flateyjarbók in dem betreffenden Abschnitte nicht unmittelbar aus der Landnama, violmehr zunächst aus der Ólafs s. Tryggvasonar geschöpft hat, wenn auch mit manchen Veränderungen und zumal Abkürzungen, ergiebt sich zumal aus Folgendem. Die Ólafs s. schaltet, nachdem sie den christlichen Landnamsmannes Örlygur Hrappsson einlässlich gedacht hat, folgende Bemerkung ein, cap. 119 und 120, S. 244—5 (FMS., I): „Margir voro þeir menn aðrir, er skirðir komu út hígat til Íslands ok námu hér land; en fyrir því at miklu voro fleiri landnámamenn heiðnir ok blótmenn miklir, þeir er með öllu afli stoðu máli réttum átrúnaði, ok með illgirnd amaðu ok fyrirdæmdu kristna menn, sem sagt mun vera síðarr, en þinir sjálfir úngir i trúnni, þá hurfu þeir aumir aptr til heiðni, er úðr voro kristnir at kalla; en þó at nökkurir landnámamenn kostaði eigi með öllu kristni, þá voro núliga öll þeirra börn heiðin ok afkvæmi. Þvíat kenninenn voro engbir á landinu nó aðrir þeir, at fólkit aiðaði. (cap 120) En fyrir því er hér ritað af nökkurum landnámsmönnum, at lat synist eigi úvirðkvæmiligt at geta í þessi frásögn nökkurra þeirra manna, er hér hafa trúat á sunnan guþ, furr enn kristnin var lögtekin á Íslandi, ok segja hverrar ættar þeir menn hafa verit, svá sem þat er fyrirboðan eða tilrððníng þess hins fagnaðarfulla umskiptis sem eptir ferr, at allt landsfólkit snérist frá fjandans villu til sanna drottins þjónustu, svá at æ síðan hefir kristindómr haldist ok prevast, en aldregi eyðst. Avrlýgr hinn gamli", u. s. w., worauf dann noch eine Reihe weiterer Notizen über andere christliche Einwanderer folgt. Diese Auslassung, zu welcher der Schluss der Landnáma, V, cap. 15, S. 321—22 nur einen sehr dürftigen Anhaltspunkt bot, steht hier in sich völlig abgeschlossen, und zugleich in einem vollkommen passenden Zusammenhange; in der Flateyjarbók dagegen

Aus d. Abh. d. I. Cl. d. k. Ak. d Wiss. XII. Bd. I. Abth. 12

Anm. 6, 7, 8, 9 u. 10.

wird dieselbe, I, S. 288, mit wenigen Abkürzungen und Veränderungen zwischen eine Notiz über das Geschlecht Ingólfs und eine andere über die Nachkommen Ketils flatnefs eingeschaltet, während denn hinterher. S. 264, am Schlusse der Besprechung Örlygs. doch wider die Worte folgen: „margir voru þeir aðrir menn er skirdir komu vt hingat ok bygdo her landit", — ein deutlicher Beweis, dass dem Schreiber dieser Hs. ein Original ganz von der Beschaffenheit unserer Ólafs s. vorgelegen hatte, welches er nur mit seiner gewöhnlichen Flüchtigkeit veränderte. Dass die Flbk. für die ungeschichte Lesart unserer Ólafs s. „en siþan hefir kristindómr haldizt ok próvazt" die bessere Lesung „halldizst ok frioaszst" bietet, beweist nur, dass ihrem Schreiber eine bessere Hs. jener Sage zur Hand war als ihren neueren Herausgebern, kann aber die Stichhaltigkeit der obigen Folgerung nicht abschwächen.

6. Vgl. die Vorrede zur älteren Ausgabe der Landnáma (Kopenhagen, 1774), fol. b, 2, sowie die Vorrede zu den Íslendínga sögur, I (1843), S. XXV—XXVIII, und XXXIV. Die Versicherung Finn Magnússon's, dass beide Hss. von derselben Hand geschrieben seien, kann den im Texte angeführten Zeugnissen gegenüber um so weniger in Betracht kommen, als dieselbe unmittelbar vorher, und zwar unter ganz unbegründeter Berufung auf Dr. Hannes Finnsson, den sera þórð Jónsson von Staðastaður statt des gleichnamigen, aber weit älteren Pfarrherrn im Hítardalur zum Schreiber von AM. 106 macht.

7. Vgl. Petri Joh. Resenii bibliotheca Regiae Academiae Hafniensi donata (Hafniae, 1685), S. 869, sowie Guðbrands Vorrede zu den von ihm und Th. Möbius edirten Fornsögur, S. XIV—XVII, und zu seiner Ausgabe der Bárðar s. Snæfellsáss, u. s. w., S. XI, Anm. 1.

8. In die Hervararsaga, cap. 18, S. 499, ist das Wort „meins" aus einer im Jahre 1694 geschriebenen Hs, und in die Hjalmters s., cap. 13, S. 488 ist es ebenfalls aus einer jüngeren Papierhs. gekommen (vgl. Fornaldar sögur, I, S. XXVI, nnd III, S. XI—XII). in die Bárðar s. Snæfellsáss, cap. 8, S. 6 der Ausgabe Guðbrands hat dasselbe eine nm das Jahr 1650 geschriebene Hs. gebracht (vgl. S. XII der Vorrede Guðbrands).

9. Vgl. Guðbrands Vorreden zur Bárðar s. Snæfellsáss, u. s. w., S. IX—XI, und XIV—XV, und zu den Fornsögur, S. XIV—XVII, sowie XXII—XXIII. (Ich bemerke übrigens nachträglich, dass Theodor Möbius auf mein Ansuchen im Herbsts 1867 die Gefälligkeit gehabt hat den handschriftlichen Befund nochmals einzusehen, aber die unter Add. 20 fol. und AM. 564 A. 4° aufbewahrten Fragmente in völlige Verwirrung gerathen fand). Im Uebrigen vgl. was ich über Jón Hákonarson in meiner Abhandlung „Ueber die Ausdrücke: altnordische, altnorwegische und isländische Sprache", Anm. 35, zusammengestellt habe; es scheint fast, als ob die in seinem Auftrage geschriebene Vatnshyrna in derselben Weise die Íslendínga sögur habe zusammenfassen sollen, wie die Flateyjarbók die Noregskonúnga sögur. Von den in der ersteren enthaltenen Sagen sind aber die Flóamanna s. und die Vatnsdæla durch Guðbrandur Vigfússon und Theodor Möbius (Fornsögur; Leipzig, 1860), dann die Eyrbyggja durch Guðbrandur (Leipzig, 1864) herausgegeben worden, alle drei wesentlich auf Grund von Abschriften, welche vom Cod. Resen. noch vor seiner Zerstörung genommen worden waren; ebenso hat Guðbrandur die Bárðar s. Snæfellsáss, die þórðar s. hreðu, den Berg-búa þ. und den Kumlbúa þ., endlich den Draumur þorsteins, nach den betreffenden Membranfragmenten unter Zuhülfenahme späterer, ergänzender Abschriften herausgegeben (Kopenhagen, 1860). Ausserdem hat Jón Sigurðsson die in Addit. 20 fol. aufbewahrten Fragmente der Hólmverja s. abdrucken lassen (Íslendínga sögur, II, S. 476—60; vgl. S. XI—XII der Vorrede), und scheinen unter dem zu seiner Ausgabe der Kjalnesinga s. benützten Hss. wenigstens die unter die Classe B. gestellten denselben Ursprung zu verrathen; endlich sollen auch die sämmtlichen Papierhss. auf die Vatnshyrna zurückgehen, welche seiner Ausgabe der Hænsaþóris s. zu Grunde liegen.

10. Wegen der engen Beziehung, in welcher die Ermordung des Königs Sigurðar slefs zu unserer þórðar s. steht, stelle ich hier die übrigen Quellenzeugnisse über diesen Vorgang

Anm. 10.

zusammen. Es heisst aber im Ágrip af Noregs konánga sögum, cap. 8 (FMS. X. S. 385—6): „Svá er sagt at Vorsar gerþo fúr at Haraldi konungi oc þeim braeþrum (spätere Correctur: 'oc Sigurþi) a þingi eino, oc vildo taka af lifi; en þeir comosc undan; en þeir drypo siþan Sigurþ alofa a Alrecsstoþum, var þar floce foringi Vemundr volobriotr; drap Sigurþ maþr en er het þorkel clypr, er Sigurþr hafþi tekit kono hans uanþga; lagþi hann Sigurþ gognum meþ sverþi, oc hafndi hans þegar hirþmaþr hans, sa er het Erlingr gamle." Die Heimskringla, Haralds s. gráfeldar, cap. 14, S. 131, sagt ferner: „Sigurðr konungr elefa kom til bús Klypps hersis, hans var son Þorðar Hörðakárasonar; hann var ríkr maðr ok kynstórr. Klyppr var þá eigi heima, enn Álof kona hans tók vel við konungi, ok var þar veizla góð, ok drykkjur miklar. Álof var Ásbjarnar dóttir, systir Járnskeggja, norðan af Yrjum. Hreiðarr var bróðir Asbjarnar, faðir Styrkárs, föður Eindriða, föður Einars þambaskelfis. Konungr gekk um nóttina til hvílu Álofar, ok lá þar at úvilja hennar. Síðan fór konungr i brott. Eptir um haustit fóru þeir Haraldr konungr ok Sigurðr bróðir hans upp á Vörs, ok stefndu þar þing við bændr. En á þinginu veitta bændr þeim atför, ok vildu drepa þá, en þeir kómust undan, ok fóru i brott síðan. Fór Haraldr konungr i Harðángr, en Sigurðr konungr fór á Álrekstaði. En er þat spyrr Klyppr hersir, þá heimtast þeir saman fraendr, ok veita atferð konungi; var höfðingi fyrir ferðinni Vemandr Völubrjótr. En er þeir koma á bæinn, þá ganga þeir at konungi; Klyppr lagði hann með sverði i gegnum, ok varð þat bani hans, en þegar i stað drap Erlingr gamli Klypp." Fast mit denselben Worten erzählt den Vorgang die ausführlichere Olafs s. Tryggvasonar, cap. 40 (FMS, I, S. 63—4, sowie Flbk., I, S. 69—70), nur dass hier der Name des Mannes ungenannt bleibt, welcher den Klypp erschlug. In der Heimskringla, Ólafs s. Tryggvasonar, cap. 60, S. 173, findet sich ferner noch die kurze Notiz: „Þórðr faðir Klypps hersis, er drap Sigurð slefu Gunnhildarson" (ebenso FMS., I, cap. 143, S. 287, und Flbk, I, S. 267), in der Ólafs s. ens helga (ed. Munch und Unger), cap. 13, S. 11, die andere: „Klyppr son Þorðar Haurðaesara sonar drap Sigurð konung slefo" endlich im Þorsteins þ. uxafóts (Flbk. I, S. 250) die dritte: „Styrkarr het maðr Endridason (falsch!) Hrsidarsonar, þeir voru braeðr Hreidarr ok Asbeorn faðir Járnskeggja af Yriom eu systir þeirra var Oluf er átti Klyppr hessir er drap Sigurd konung slefu." Weiterhin erzählt die Fagurskinna, § 30, S. 31: „Svá er sagt at Sigurð slefu, bróður Haralds konungs, drap Klyppr hersir bróður sunr þorleifs hins spaka, sonr Þorðar Hörðakára sonar, ok var þat til maks at Sigurðr hafði tekit konu Klypps nauðga. Klyppr lagði Sigurð í gegnum með sverði, en hans hefudi hirðmaðr hans, sá er het Sigurðr" (die zweite Hs. fügt bei: enn gamli). Erheblicher noch weicht ab der Bericht des Breve chronicon Norvegiae, S. 12: „Sed Siwardus a plebeis Vorsorum principantis Wemundo volubrut ju consilio cum multis occisus est. Gunrodam vero ja villula Alrecsstadum juxta quam nunc sita est Bergonia civitas opulentissima quidam Torkellus Clypper cognominatos, cujus vxorem iuuitam stupraverat, gladio perfossam vita privavit. Quero vnus de stipendiariis suis nomine Erlingus senex viriliter vindicavit"; doch könnte die hier vorliegende Verwechslung K. Sigurðrs mit seinem Bruder Guðröðar vielleicht obensowgut wie die Nennung eines Sigurður statt des Erlingur gamli in der Fagurskinna auf einen blossen Schreibfehler zurückzuführen sein. Endlich ist noch ein eigener „þáttr af Sigurði konúngi slefu, syni Gunnhildar" zu erwähnen, welcher sich in die Flbk. I, S. 19—21 eingeschaltet findet. Nach ihm wird der hersir Þorkell klyppur aus Hörðaland, ein Sohn des Þórður Hörðakárason, von K. Sigurður slefa nach England geschickt. Als Vorwand dient der Auftrag, von K. Aðalráður Schatzung zu erheben; in Wahrheit aber speculirt der König auf þorkels Tod, da von allen Boten, die früher mit der gleichen Sendung beauftragt worden waren, keiner zurückgekommen war, und benützt denn auch sofort dessen Abwesenheit, um seiner Frau, Ólöf, Gewalt anzuthun. Aber Þorkell weiss es durch sein kluges Benemen dahinzubringen, dass der englische König, wenn er gleich jeden Tribut nach wie vor verweigert, wenigstens ihn selber reich beschenkt entlässt; nach seiner Rückkehr erfährt er, was geschehen war, lässt es aber ruhig zu einem Ding kommen, das an

Anm. 11.

einem nicht näher bezeichneten Orte gehalten wird, und übergiebt hier dem Könige die vom
England mitgebrachten Geschenke. König Sigurður spricht sich sehr zufrieden aus über die Er-
ledigung seines Auftrages; aber jetzt erklärt Þorkell, gleich auch eine zweite Angelegenheit erle-
digen zu wollen, und erschlägt ohne Weiters den König. Von einem Begleiter des letzteren,
Ögmundur Hörðakársson, wird er sofort auch seinerseits erstochen; aber auch Ögmunder wird
von Þorkels Verwandten überfallen und in seinem Hause verbrannt, und Ólöf wendet sich aus Furcht
vor der Königinn Gunnhildar an den Isländer Höðvarr, dessen Schiff gerade segelfertig ist, und
welcher denn auch sie selber sammt ihrer Tochter Guðrún glücklich nach Island hinüberbringt.
Dort heirathet Ólöf ihren Retter; die Guðrún aber nimmt der angesehene Häuptling Einarr
Eyjólfsson von Þverá zur Frau, und ein Sohn beider wird nach seinem mütterlichen Grossvater
Þorkell klyppr genannt. — Diese letztere Erzählung hat nun freilich ihre sehr verdächtigen
Seiten, und zumal erinnert die keiner anderen Quelle bekannte Versendung des Ehemannes nach
England, um inzwischen seiner Frau sich zu bemächtigen, gar sehr an die Verschickung des Ívarr
af Fljóðum nach Irland durch K. Sigurður Jórsalafari, wie solche in der Morkinskinna, Hrokkinskinna und dem jüngeren Bryggjarstykki erzählt wird (FMS., VII, cap 27—28, S. 124—6, und
cap. 32, S. 137), wenn nicht gar zu Davids Verfahren gegen Uria den Hethiter. Aber doch ist
nicht zu übersehen, dass die Heirath des Einarr Þveræfingur mit Guðrún, einer Tochter des Klyppur,
des Sohnes des Þórður Hörðakársson, nicht nur durch die Recension A. der Þórðar s., cap. 2,
S. 91—6, und cap. 9, S. 104, sondern auch durch eine genealogische Aufzeichnung bestätigt
wird, welche in den Íslendínga sögur, I, S. 361 gedruckt steht. Diese letztere ist nicht etwa der
Melabók entnommen, wie Mauch in seiner norwegischen Geschichte, Bd. I, 2, S 32, Anm. angiebt,
sondern 3 Membranblättern (AM. 102, fol.), welche am Schlusse des 14. oder Anfange des 15. Jhdts,
aber wie es scheint nach einer dem 13. Jhdte angehörigen Vorlage, geschrieben sind, und da sie
die Helga, eine Tochter der Guðrún und Einars, als die Grossmutter der Þorkatla Arnaðóttir, der
Grossmutter des Bischofs Klængur Þorsteinsson von Skalholt († 1176) bezeichnet, erscheint ihre
Angabe als höchst beachtenswerth. Um so weniger Werth glaube ich dagegen dem Umstande
beilegen zu sollen, dass auch in den Hyndluljóð eine Reihe von Personen, welche dem Geschlechte
Hörðakári's angehören, und darunter Klyppur selbst genannt werden. Es heisst nämlich hier,
Str. 19:
                        Ketill hét vinr þeirra
                        Klyps arfþegi;
                        var hann móðurfaðir
                        móður þinnar;
                        þá var Fróði,
                        fyrr enn Kári,
                        hinn eldri var
                        Álfr um getinn,"
und wider Str. 21:   „Ísólfr ok Ásólfr,
                        Ölmóðs synir."
Aber die confuse Art, wie dieses in der Flateyjarbók uns aufbewahrte genealogische Lied die
verschiedensten altberühmten Geschlechter und Personen durcheinandermischt, nimmt ihm jede
weitere Bedeutung als etwa die eines Zeugnisses dafür, dass die in ihm genannten Namen wirklich
in Jedermanns Mund waren.

11. Die Frage nach der Lebenszeit des Miðfjarðar-Skeggi ist von Guðbrandur
Vigfússon (Um timatal í Íslendínga sögum, S. 368—71) bereits so gründlich erörtert worden,
dass ich im Wesentlichen nur seine Beweisführung zu wiederholen brauche. Wir wissen, dass
Hroðný, eine Tochter Skeggi's, mit Þórður gellir verheirathet war, und wir sehen andererseits
nicht nur diesen letzteren um das Jahr 960 als den angesehensten Häuptling im Westlande auftreten, sondern auch die Söhne, welche (nach der Laxdæla, cap. 7, S. 16) beide mit einander

Anm. 11. 93

gewannen, bereits in der zweiten Hälfte desselben Jhdts. als gestandene Männer handeln. Einer von ihnen, Þórarinn fylsenni, war bereits verheirathet und Vater eines halbwüchsigen Knaben, als Þorvaldr viðförli auf Island den Glauben predigte, d. h. in den Jahren 981—85 (Kristni s., cap 2, S. 6; Þorvalds þ. viðförla, cap. 4, S. 42); ein zweiter, Eyjúlfar grái, zählte eben damals bereits zu den obersten Häuptlingen des Landes, während Snorri goði, ein Enkel der Þóra, einer Schwester eben jenes Þórður gellir, schon 18 Jahre alt war (Kristni s., cap. 1, S. 4; vgl. Laxdæla, ang. O), und eben dieser Eyjúlfar wurde als das Christenthum nach Island kam, d. h. im Jahre 1000, als hochbetagter Mann getauft (Islendingabók, cap. 12, S. 20); um 982 endlich verfolgen die Söhne des Þórður gellir, nicht mehr er selber, den Eirikar rauði wegen Todtschlags (Eyrbyggja, cap. 24. S. 37) — Eine zweite Tochter Skeggi's, Þurbjörg, hatte ferner Ásbjörn enn auðgi zur Frau, dessen Vater, Hörður, als erwachsener Mann mit der Auður djúpauðga, also um 890—95, ins Land gekommen war (Landnáma, II, cap. 2, S. 67; cap. 17, S. 111—12; III, cap. 1, S. 170); eine Tochter beider, also eine Enkelinn Skeggi's, war Ingibjörg, die Frau des Illugi svarti und Mutter des Gunnlaugur ormstúnga, welcher letztere im Jahre 1008 als junger Mann fiel, und von seinem Vater überlebt wurde (Gunnlaugs s. ormstúngu, cap 4, S. 202—3, und cap 12—18, S. 270), u. dgl. m. Ein Mann nun, dessen Enkel um 980 schon in voller Kraft, und um 1000 alte Leute sind, von dem ferner um 980 bereits Urenkel herumlaufen können, muss sicherlich noch ziemlich tief im 9. Jhdtv. geboren sein, und hiezu stimmt denn auch recht wohl, dass Miðfjarðar-Skeggi von der Landnáma, V, cap. 15, S. 321 zu den vornehmsten Häuptlingen gezählt wird, welche um 980 lebten, und dass ihn die Kormaks s., cap. 2, S. 6—8 bereits zu der Zeit als den Häuptling des Miðfjörður bezeichnet, da Eirikur blóðöx in Norwegen regierte, also um 930—35; wenn dieselbe Sage, cap. 9, S 80—82, ihn allerdings auch noch weit später nennt, ein paar Jahre nämlich ehe K. Hákon Aðalsteinsfóstri fiel, also etwa um 958 (vgl. cap. 19, S 170), so steht diess doch mit jener früheren Angabe nicht in Widerspruch, da Skeggi hier bereits als ein hochbejahrter Mann auftritt. — Nicht minder gut passt endlich zu diesen Zeitangaben, was wir über das Alter Eiðs erfahren. Wir wissen aus der Landnáma, I, cap. 21, S. 62, III, cap. 1, S. 170, und V, cap. 2, S. 279—80 (die Angaben der Njála, cap. 20, S. 30 sind corrupt), dass dessen Frau, Hafþóra, mit dem berühmten Njáll Geschwisterkind war, welcher im Jahre 1011 in hohem Alter verbrannt wurde. Nach der Heiðarvíga s., cap 28, S. 559—60, und cap. 31, S. 368, fielen ferner Eiðs Söhne, Illugi und Eysteinn, in dem Kampfe auf der Heide, und er selber wird (cap. 85, S. 383—4), da er gelegentlich der Verhandlungen am Allðinge zum Frieden mahnt, als ein Greis geschildert; die Angaben über das Jahr, in welchem die Heiðarvíg stattfanden, schwanken freilich zwischen den Jahren 1013—19, weisen aber jedenfalls, da die Verhandlungen am Dinge nur um ein Jahr später gepflogen wurden, auch auf ein ziemlich frühes Geburtsjahr Eiðs. Endlich sagt die Laxdæla, cap. 57, S. 248—50, dass Eiður zu der Zeit, da sein dritter Sohn erschlagen wurde, bereits sehr alt gewesen, und dass aus diesem Grunde die Blutrache nicht mit dem gehörigen Nachdrucke betrieben worden sei; da unmittelbar zuvor Snorri goði's Umzug nach Sælingsdalstúnga besprochen wird, welcher etwa in das Jahr 1008 fällt, kann aber auch jene That nicht wohl viel später angesetzt werden.

Allerdings aber zeigen spätere Quellen von geringerer geschichtlicher Verlässigkeit eine Verschiebung der Lebenszeit des Skeggi. So schon die Grettla, welche, auf der Grenze zwischen den geschichtlichen und den ungeschichtlichen Sagen stehend, ihre gegenwärtige Gestalt jedenfalls erst am Anfange des 14. Jhdts. erhielt, da sie den späteren Lebenszeit des Gesetzsprechers Sturla Þórðarson bereits als eine vergangene bezeichnet (vgl. cap. 49, S. 111, und cap. 95, S. 208, sowie Guðbrand Vigfússon, in den Ný félagerit, XVIII, S. 162—4). Sie erwähnt (cap. 12, S. 19—20) einer Verhandlung am Allðinge, bei welcher Miðfjarðar-Skeggi den Þorgrím Önundarson und seine Brüder gegen Flosi Eiríksson unterstützte, und verlegt dieselbe in die Amtsperiode des Gesetzsprechers Þorkell máni, also in die Jahre 970—84. Freilich hat Guðbrandur Vigfússon (Um tímatal, S. 303) darzuthun gesucht, dass dieser Vorgang schon viel früher, nämlich bereits um

940 stattgefunden habe; aber soviel bleibt immerhin bestehen, dass nach der Meinung des Sagenschreibers Skeggi noch in der zweiten Hälfte des 10. Jhdts. ein vollkommen rüstiger Mann war. Widerum lässt die Sage den Grettir im Jahre 1021 die Arnarvatnsheiði verlassen, und kurz darauf einem gewissen Grímur hier seine Stelle einnehmen, welcher Eiðs Sohn getödtet, und dadurch die Acht sich zugezogen hatte; im Jahre 1024 besucht sodann Grettir zum letzten Male seinen Freund Hallmund, welcher wenig später von eben diesem Grim getödtet wird; widerum ein Jahr später endlich wird dieser letztere von Þorkell Eyjúlfsson angegriffen, welcher Eiðs Sohn rächen will, macht aber mit ihm seinen Frieden, und geht mit ihm ausser Lands (cap. 57, S. 131; cap. 61, S. 140—1; cap. 62, S. 142—6, und cap. 67, S. 155—6; vgl. Guðbrand, ang. O, S. 476—81). Da Eiður nach der Laxdœla, cap. 58, S. 252, noch lebte als der letztere Vorfall, den diese Sage freilich um etwa 17 Jahre früher ansetzt, sich zutrug, erscheint auch hier wider die Lebenszeit Eiðs, und damit auch die seines Vaters Skeggi, ungebührlich weit hinausgerückt. — Widerum lässt der Hrómundar þ. halta, (Flbk, I, S. 411—12), und mit ihm die Landnáma, II, cap. 33, S. 161, den Miðfjarðar-Skeggi bei Hrómunds Kingsache gegen Sleitu-Helgi sich betheiligen, und dieser Vorgang darf jedenfalls nicht früher als etwa um 980 angesetzt werden, da in dem Kampfe, welcher gleichzeitig stattfand, Hallsteinn (Hásteinn) Hrómundarson bereits tapfer mitkämpfte, welcher mit K Olaf Tryggvason auf dem langen Wurme fiel (Hrómundar þ, S. 414; Landnáma, S. 167). Hiezu stimmt denn auch, dass Eyvindur sörkvir, welcher den Hrómund erst in hohem Alter erzeugt hatte, nach dem Tode des Ingimundur gamli, also um das Jahr 935, sich erstach (Hrómundar þ, S. 409—10; Vatnsdœla, cap. 23, S. 39; Landnáma, III, cap. 5, S. 166), und dass Hrómundur selbst als rüstiger Mann in dem Kampfe bei Deildarhjalli, um 945—50, mitstritt (Hrómundar þ, S. 410; Vatnsdœla, cap. 29, S. 47—8; Landnáma, S. 184), während er gelegentlich jenes Gefechtes mit Sleituhelgi bereits als hochbetagt und nahezu kampfunfähig bezeichnet wird (Hrómundar þ, S. 413; Landnáma, III, cap. 33, S 162); lauter Umstände, welche mit der Annahme Guðbrands (ang. O., S 369 und 378) völlig unvereinbar sind, dass dieser letztere Kampf bereits in den Jahren 950—55 stattgefunden habe In der That ist jene falsche Berechnung der Lebenszeit Skeggi's im Hrómundar þ. um Nichts auffälliger als der andere Verstoss, dass dieser ihn zu Skeggjastaðir statt zu Reykir wohnen lässt; auffällig ist dagegen allerdings, dass auch die Landnáma, und zwar in ihren sämmtlichen uns erhaltenen Recensionen, in jener ersteren Beziehung der falschen Fährte gefolgt ist. — Nach dem Þorleifs þ. jarlaskálds (Flbk. I, S. 207 und 208—9) soll ferner Skeggi den Þorleif bis zu seinem achtzehnten Jahre aufgezogen, und ihm dann zu seiner Reise nach Norwegen verholfen haben. Alles „a ofanverdum dygum Hakonar Hladajarls." Da Hakon jarl in den Jahren 965—95 regierte, würde diese seine spätere Zeit etwa den Jahren 985—95 anheimfallen. — Endlich lässt die Barðar s. Snæfellsáss, cap. 5, 8. 9, den Skeggi ein Jahr, nachdem Eiríkur rauði sich in Grönland niedergelassen hatte, also um 986—6, bei diesem zu Gaste sein; er ist damals noch auf der Kauffahrt, und heirathet wie es scheint erst später, so dass sein Sohn Eiður noch ungeboren ist (cap 7, S. 13; cap. 11, S. 22—3). Hier also hat die Mishandlung der Chronologie ihren höchsten Punkt erreicht.

12. Durch die Stammtafel am Schlusse unserer Recension A, durch den Sigurður þ. slefu, endlich durch die genealogische Notiz in A M. 162. fol., scheint mir der letztere Punkt vollkommen genügend erwiesen, und die von Munch, in seiner norwegischen Geschichte, I, 2, S. 32, Anm., gegen denselben gerichtete Polemik dürfte vorwiegend auf Missverständnissen beruhen. Es ist nämlich nicht richtig, dass unsere Sage die Ólóf zu einer Tochter des Miðfjarðar-Skeggi macht; nur in der gänzlich unbrauchbaren Ausgabe des Björn Markússon (Hólar, 1756) steht, cap. 2, S. 60: „Dottur Skeggia aa Heykium", während Halldórr Friðriksson „á Yrjum" giebt, und überdiess der Name Skeggi sich nun oben als eine recht sehr leicht zu berichtigende Textesverderbniss ergab. Ebensowenig ist es richtig, dass die oben erwähnten Quellen den Einar die Ólóf heirathen lassen; sie nennen ihn vielmehr nur als den Mann ihrer Tochter Guðrún, und da

Anm. 13 u. 14.   95

diese offenbar um 965 noch ein Kind sein musste, wenn ihre Mutter noch anziehend genug sein
konnte, um den K. Sigurð zu seiner Unthat zu reizen, und da überdiess nirgends gesagt ist,
wann Einarr sie geheirathet habe, so irrt der Umstand, dass dieser letztere noch um das Jahr 1020
am Leben war, mit jener Heirath gar nicht unvereinbar. Endlich ist allerdings richtig,
dass die Landnáma von Einars Heirath mit der Guðrún Nichts weiss; aber sie nennt ja überhaupt
keine Frau desselben, und soll daraus etwa sofort folgen, dass der Mann gar niemals geheirathet
habe?

13. Im Sigurðar þ. slefa (Flbk. I, S. 21) heisst es von Böðvar: „ok var þorsteins broður
Halls a Siðu." Man pflegt diese Stelle, deren Verderbtheit zweifellos ist, dahin zu emendiren,
dass man liest: „ok var þorsteins son, bróðir Halls á Síðu"; indessen will mir diese Verbesserung
nicht recht einleuchten. Nirgends ist meines Wissens von einem Bruder Síðu-Halls die Rede,
welcher Böðvarr geheissen hätte; ausserdem will es sich aber auch chronologisch wenig reimen,
dass der Bruder eines Mannes, der um das Jahr 1000 in seiner vollen Kraft stand, und dessen
Söhne damals im blühendsten Jugendalter waren, schon um 85 Jahre früher die Ólöf geheirathet
haben, und nach kurzem Zusammenleben mit ihr gestorben sein sollte. Ich möchte vielmehr lieber
an Böðvar hvíti denken, und demnach emendiren: „ok var faðir þorsteins, föður Halls á Síðu."
Allerdings steht dem entgegen, dass die Landnáma, V, cap. 15, S. 321, bereits um 930 den
þorstein, Síðu-Halls Vater, zu den vornemsten Häuptlingen im Lande zählt, nicht dessen Vater
Böðvar; aber diese Angabe will auch zu der anderen Thatsache wenig passen, dass die Frau des
þorsteinn Böðvarsson, þórdís, eine Enkelinn Hrollaugs war, welcher doch kaum vor 900 nach
Island gekommen sein kann (Landnáma, IV, cap. 7, S. 256, und cap. 9, S. 261—2; Njála,
cap. 97, S. 148), und es mag demnach irrthümlich þorsteins statt Böðvars Name in jenes Verzeichniss gekommen sein. Freilich musste Böðvarr im Jahre 965, da sein Enkel schon etwa sech-
zig jährig sein mochte, zum Heirathen etwas alt sein; aber es wird ja auch angedeutet, dass die
Heirath für Ólöf etwas Unpassendes hatte („veit ek þat at þat mun mælit at ek taka minna giaf-
orð an enn fyrr", sagt sie selber), und auf Böðvars Geschlecht kann sich dieser Vorwurf nicht
beziehen, da dieses dem ihres früheren Mannes vollkommen ebenbürtig war, und ausserdem stimmt
auch der rasche Tod des Mannes nach seiner Heirath recht wohl zu jener Vermuthung eines
höheren Alters desselben.

14. In der Recension B, S. 6, heisst es: „Skeggi bjó at Reykjum, er kallaðr var Miðfjarðar-Skeggi. Hann var sou Skinna-Bjarnar. Því var hann Skinna-Björn kallaðr, at hann var
vanr at sigla í Austrveg kaupferð, ok færa þaðan gráskinn, hjör ok mfala. Skeggi var garpr
mikill ok einvigismaðr. Hann var leingi í víkingu. Ok eitt hvert sinn kom hann við Danmörk,
ok fór til Hleiðrar, þangat sem haugr Hrólfs konungs kraka var, ok braut haugina ok tók á
braut sverðit Hrólfs konungs, Sköfnung, er bezt sverð hefir komit til Íslands, ok öxina, er Hjalti
hafði átt hinn hugpruði; en hann náði eigi Laufa af Böðvari bjarka; því at hann fékk hvergi
sveigt hans armleggi. Síðan bar Skeggi Sköfnung." Die Landnáma, III, cap. 1, S. 169—70,
sagt dagegen: „Skútaðar-Skeggi hét maðr ágætr í Noregi; hans son var Björn, er kallaðr var
Skinna-Björn, því at hann var Hólmgarðsfari (die jüngere Melabók liest für den letzteren Satz:
hann átti son þann er Björn hét; hann var farmaðr mikill (Hólmgarðsfari) ok kaupmaðr, fór opt
í Austrveg, ok hafði betri skinnavöru en aðrir kaupmenn flestir, ok var af því kallaðr Skinna-
Björn); ok er honum leiddust kaupferðir, fór hann til Íslands ok nam Miðfjörð ok Línakradal;
hans son var Miðfjarðar-Skeggi; hann var garpr mikill ok farmaðr; hann berjaði í Austrveg
ok lá í Danmörk við Sjóland, er hann fór austan; þar gekk hann upp, ok braust í haug Hrólfs
kraka, ok tók þar or Sköfnúng, sverð Hrólfs konúngs, ok öxi Hjalta ok mikit fé annat, en hann
náði eigi Laufa (für den letzteren Satz liest eine der harmonischen Hs. AM. 111, fol.: en hann
fékk eigi náð brandinum Laufa af Böðvari bjarka, því hann gat eigi sveigt armleggi hans). Skeggi
bjó á Reykjum í Miðfirði." Es ist allerdings möglich, dass die jüngere Melabók und AM. 111,

fol. ihre Varianten aus der þórðar s. gewehöpft haben; möglich aber auch, dass ihnen eine nunmehr verlorene Recension der Landnáma den Stoff zu denselben lieferte. — In der Recension B, S. 66 liest man ferner: „Hinn efra hlut mil Skeggja, fór hann með í Ás, í Borgarfjörð, til Elfu, sonar síns, ok sndaðist þar; var hann heygðr fyrir norðan garð. Má þar sjá bein hans í náttmálavörðunni"; in der Landnáma, I, cap. 21, S. 62, heisst es aber: „Eiðr Skeggjason, er síðan bjó í Ási; þar dó Miðfjarðar-Skeggi, ok er þar haugr hans fyri neðan garð", und fehlt somit hier die genauere Angabe über das Schicksal der Gebeine Skeggi's, welche doch ebenfalls in einer nicht mehr erhaltenen Redaction der Landnáma zu finden gewesen sein dürfte

15. Das Membranfragment der Melabók, S. 341, liest nämlich: „Hrafn hins heimski Valgarðsson, Ævarssonar, Vemundarsonar vágnefs, Þórólfssonar orðlokárs. Þrándarsonar hins gamla, Haralldssonar hillditannar", und die jüngere Melabók folgt dieser Lesart, nur dass sie am Rande auch die Version der Hauksbók beibringt. Verglichen mit der eigentlichen Landnáma und der Hauksbók werden also hier die Beinamen orðlokárr und vágnefur zwischen Vemund und Þórólf vertauscht, wird ferner Ævarr zwischen Valgarð und Vemund eingeschoben, und wird endlich Þrándr hinn gamli an die Stelle des Hrærekr slöngvandbaugi gesetzt. Das erstere ist vielleicht ein blosser Schreibfehler; die beiden anderen Abweichungen aber kehren auch in der Njála, cap. 25, S. 38 wider, wo es heisst: „hann var sonr Jorvndar Goða Rannvessonar (anstatt Hrafnssonar) heimska Valgarzsonar Æfarssonar Vemvndarsonar Orðlokars Þórólfssonar Vogvnefs Þrándarsonar hins gamla Haralldssonar Hillditannar Hrærekssonar Slonganbavga." Auch das Lángfeðgatal (bei Langebek, Scriptores rerum Danicarum, I, S. 5), die Hyndluljóð, Str. 27, sowie die Geschlechtsregister, welche sich in der Flateyjarbók an das Stück „Hversu Noregr byggðist" anschliessen, machen (I, S. 26 und 27) den Harald bildtönn zum Sohne des Hrærekur slöngvanbaugi, während das Sögubrot af fornkonúngum (FAS., I, cap. 6, S. 377), welches bereits in einer am Anfange des 14., wenn nicht am Ende des 13. Jhdts. geschriebenen Hs. vorliegt, den Þrándur gamli und Hrærekur slöngvandbaugi zu Brüdern und Söhnen des Königs Haraldur hilditönn macht, wogegen dessen eigener Vater hier allerdings ebenfalls Hrærekur heisst (cap. 1, S. 366). Saxo Grammaticus hinget vollends seinen Höricus Slyngebond (III. S. 134, ed. Müller) in gar kein genealogisches Verhältniss zu seinem Haraldus Hyldetand, welcher letztere ihm bald ein Sohn des Borcarus und der Gro (VII, S. 337), bald des Haldanus und der Guritha ist (VII, S. 360—1); die Harvara s. aber, cap. 20, (FAS., I, S. 509—10) macht den Harald zu einem Sohne K. Valdars und der Alfhildur, und geht somit widerum ihren eigenen Weg. Verschiedenartige Ueberlieferungen waren also bezüglich dieser Stammtafel schon sehr frühzeitig im Umlaufe; für meinen Zweck hat aber zunächst nur die Thatsache Bedeutung, dass unsere Recension A. an der einschlägigen Stelle aus einer Recension der Landnáma geschöpft hat, welche der Hauksbók und unserer eigentlichen Landnáma ungleich näher stand, als unserer älteren und neueren Melabók.

16. Was zunächst die Hauksbók und die jüngere Melabók über die Abstammung K. Hrólfs von dem Riesen Svaði beizufügen wissen, ist lediglich aus den „Hversu Noregr byggðist" und „Fundinn Noregr" überschriebenen Stücken geschöpft, wie uns solche die Flateyjarbók aufbewahrt hat (I, S. 22, und 220). Die Namensform Sölgi in der Þórðar s. für Sölvi, wie die Hauksbók und die jüngere Melabók lesen, ist nicht nur durch die Grims s loðinkinna, cap. 1, (FAS., II, S 143), bolegt, sondern scheint auch in der eigentlichen Landnáma gestanden zu sein, deren Lesart „Saugn" denn doch offenbar für Saulga = Sölga verschrieben ist. Im Uebrigen ist dann nur noch zu bemerken, dass die Þórðar s. liest: „foður Böðvars konúngs Kaums, foður Þóris konúngs svíra, foður Oðars konúngs Arnar hyrnu", die eigentliche Landnáma dagegen, von unten heraufsteigend: „Anssonar (Ánanssonar in der Hauksbók, an der zweiten Stelle, S. 257, Anm. 15; hier aber Ánssonar), Arnarsonar hyrnu (die Hauksbók lässt „sonar" weg und zwar auch an der zweiten Stelle) konúngs, Þórissonar konúngs, Svína-Böðvarssonar, Kaumssonar konúngs", wobei sich augenscheinlich die Abweichungen theils auf eine Verschiedenheit der Namensform

Anm. 17 u. 18. 97

(Áns, Ánars, Ómars), theils auf das Setzen oder Weglassen einer das Filiationsverhältniss andeutenden Abkürzung, wonach dann der folgende Name entweder zum blossen Beinamen wird oder selbstständig bleibt (so bei Kaum oder Kann, dann bei Örn hyrnal, theils endlich auf eine verschiedene Abtheilung der Namen und Beinamen unter sich reduciren (aus dem Þórissonar konúngs, Svina-Böðvarssonar der Landnáma hat die Þórðar s. herausgelesen: Þórissonar konúngs svíns, Böðvarssonar). Nach allem Dem muss dem Interpolator der Þórðar s. eine Recension der Landnáma vorgelegen haben, welche ebenso wie unsere Texte den Stammbaum in aufsteigender, nicht, wie er denselben umsetzte, in absteigender Richtung gegeben hatte, — in welcher die Namensform Sölgi, nicht Sölvi gestanden, und von Svasi noch nicht die Rede gewesen war, Beides wie in unserer eigentlichen Landnáma, — endlich in welcher einzelne Buchstaben und Abbreviaturen undeutlich genug geschrieben waren, um verschieden gelesen oder auch ganz übersehen werden zu können.

17. Nicht nur nach der Heimskringla und den ihr folgenden Quellen, sondern auch bereits nach Odds Ólafs s. Tryggvasonar (cap. 21, S. 27, in Munchs Ausgabe) soll s. B. Ölmóður Hörðakárason ein Zeitgenosse K. Ólafs († 1000) gewesen sein, während ihn die Flóamanna s., cap. 3, S. 122, und Landnáma, I, cap. 4, S. 32, bereits um 870 dem Hjörleif in einem Gefechte beistehen lassen. Seine Schwester Þóra soll überdiess Ulfljóts Mutter gewesen sein, der als mehr denn 60jähriger Greis um 930 seine Gesetze gab; andererseits soll aber auch sein Brudersohn, Þorkell klyppur, wider erst um 965 als rüstiger Mann den K. Sigurð erschlagen haben. Ein Enkel Hörðakári's soll ferner, nach der Landnáma, III, cap. 11, S. 200, Flóki Vilgerðarson gewesen sein, welcher doch bereits um 865 Island befuhr. U. dgl. m.

18. Ein Vatersbruder Snorri's, Þorleifur í Gorðum, starb nach den Annalen im Jahre 1257, und ein zweiter, Böðvarr í Bæ, im Jahre 1264; um jene Zeit ungefähr konnte demnach auch dessen Vater verstorben und mochte der im Jahre 1213 verstorbene Snorri selber bei dessen Tod bereits erwachsen und verheirathet sein. Des letzteren Schwiegervater, Ketill prestur Þorláksson, welcher in den Jahren 1259—62 das Gesetzsprecheramt bekleidet hatte, starb allerdings erst im Jahre 1273 (vgl. über ihn Jón Sigurðsson, Lögsögumannatal, S. 32—33); aber dass derselbe bei seinem Tode hochbetagt gewesen sein muss, ersieht man dafür auch daraus, dass er bereits im Jahre 1221 als selbstständiger Bewirthschafter des Hofes im Hítardalur, und als Mann der Halldóra Þorvaldsdóttir genannt wird. (Sturlúnga, IV, cap. 26, S. 61), sowie aus den Lebensverhältnissen dieser seiner Frau Halldóra. Diese war nämlich das älteste Kind der Þóra, welche Þorvaldur ein Jahr nach dem Tode seiner ersten Frau, der Jóra Klængsdóttir, geheirathet hatte (Guðmundar biskups s., cap. 51, S 488; Sturlúnga, III, cap. 6, S. 207—8), und da diese letztere im Jahre 1196 starb (Annalen; Guðmundar s., cap 20, S. 449), konnte sie nicht vor dem Jahre 1197 geboren sein; da aber andererseits ihr jüngerer Bruder, der nach den Annalen im Jahre 1268 verstorbene Gizurr jarl, ein Jahr nach der Schlacht bei Víðines, also im Jahre 1209, geboren war (Guðmundar s., cap. 59, S. 496—7; Sturlúnga, IV, cap. 4, S. 6), kann ihre Geburt auch nicht später als in das Jahr 1208 fallen, so dass sie um 1221 recht wohl eine junge Frau sein konnte. Freilich war nicht Halldóra, sondern Valgerður der Helga Mutter (Landnáma, III, cap 17, S. 225), also wohl eine zweite Frau Ketils; aber auch so noch bleibt Raum genug für die Möglichkeit, dass Helga etwa gleichzeitig mit ihrem Vater, oder selbst schon vor demselben gestorben sein konnte, wenn gleich ihr Halbbruder Þorleifur hreimur (er heisst in der Sturlúnga, VI, cap. 33, S. 246, ein Schwestersohn Gizurs, und seine Mutter war somit Halldóra) erst im Jahre 1289 starb (vgl. über ihn Jón Sigurðsson, ang. O., S. 33). — Ich bemerke übrigens, damit sich Niemand durch die entgegengesetzten Angaben der Vorrede zu den Fornsögur, S. XXIX—XXX beirren lasse, dass die Aufstellung des Jahres 1302 als Todesjahr für Snorri Markússon nur auf einer Ungeschicklichkeit der Ausgabe der Islenskir Annálar beruht, und dass unter dem Hofe

Melar, von welchem die Melamenn ihren Namen tragen, der in der Melasveit im Borgarfjörður, nicht der im Hrútafjörður zu verst hen ist (vgl. Jón Sigurðsson, ang. O., S. 51—52).

19. Vgl. die Grágás, §. 25, S. 46: „Ef maðr vill dom ryðia, oc scal hann nefna ser vatta. Nefni ec i þat vætti, at ec vinn eið at krossi log eið oc vegi þat guði. at ec myn sva rengia mann or domi. sem ec bygg mannart oc rettast oc hellst at logvm. Ef hann vill eigi optarr eið vinna. þa scal hann þat lata fylgia. at eo man sva makar søkia scal hann quoþa. oc qeria. oc vitni. oc vmtli bera. oc aull logmæt skil af hondi leysa. þav er undir mic koma. meþan eo em aþnissa þingi." Ferner ebenda, § 35, S. 66: „Allir menn þeir er logsœil nocor scolo insela at domom a alþingi. hvart er þeir scolo sękia sacir eða veria eða bera vætti eða quiðo oc scolo þeir vinna eiða aðr þeir mali þeim malom sva at domendr heyri. Huar þess er maðr hefir þann eið vnninn er hann hefir ðeira undir soilit oc verðr hann tortrygðr vm eiðinn þa er hann scal þav fleire gögn af hende leysa er eiðar eigo at fylgia. þa scal hann þar lata bera vætte þat er hann nefnde at þa er hann vann eiðinn eða vinna ella eið i annat sinn." Und wider: „Ef maðr hefir sacir ifleira doma enn í einn. oc er honum eigi at heldr scylt optarr at vinna eið enn vm sinn. enn ef tortrygt þickir vm eið vnning hans, þa scal hann vmtta þat lata bera at dome avðrum er hann nefndi þa at er hann vann eið." Nur für den fimtardómur galt nach §. 47, S. 81—82, die Regel, daß für jede einzelne Klagsache die betreffenden Eide vom Kläger sowohl als vom Beklagten unter allen Umständen eigens geschworen werden mussten.

20. Es heisst in der Grágás, § 56, S. 97, in Bezug auf die llegung des Frühlingsdinges: „Goði sa er þing hælgi a þar hann scal þar þing hælga enn fyreta aptan er þeir coma til þings. scal rettr manz hálfo arkas meþan a þvi þingi er i orðom oc í öllom a unnom verkom. Enn goði scal queða aþingnœre hver eru. oc scal hann sva þing hælga sem alþingi oc scal hann queþa a hue þing heitir." Man hat freilich das Wort „þingmörk" im Anhange der jüngeren Melabók gründlich misverstanden; Dr. Hannes Finnsson z. B. übersetzt es durch „formulæ comitiales", und Jón Ólafsson von den Svefneyjar, in seinem Glossare zu des Ersteren Ausgabe der Landnáma, durch „conventus initiandi signa vel formulæ", und während Möbius in seinem altnordischen Glossare an der ersteren Deutung einfach festhält, habe auch ich noch in meiner Schrift über die Entstehung des isländischen Staats und seiner Verfassung, S. 144, Anm., lediglich einen Zweifel an derselben, aber keine Lösung desselben anzudeuten vermocht. Inzwischen glaube ich aber, in Pfeiffer's Germania, Bd. XII, S. 239—40, die Bedeutung der Worte þingmark und þingmörk genügend festgestellt zu haben, und auf meine dortige Erörterung erlaube ich mir hier einfach Bezug zu nemen.

21. Vgl. über die beiden Recensionen der íslendíngabók und deren muthmaßlicheu Verhältnis zu einander meine Abhandlung über die Ausdrücke: altnordische, altnorwegische und isländische Sprache, S. 462—3, und S. 551, dann aber auch Guðbrands Vorrede zu seiner Ausgabe der Eyrbyggja. S. XIV, und meine Bemerkungen über dieselbe in Pfeiffer's Germania, X, S. 490.

22. Ob Þóroddr rúnameistari, wo er von den lehrreichen Schriften Ari's spricht (Snorra-Edda, II, S. 12), die ältere oder die jüngere Recension seines Werkes meint, mag dahin stehen, und ebenso könnte ein Stück, welches eine computistische Hs. aus dem 12. Jhdte. der Íslendingabók entnommen hat (abgedruckt bei Werlauff, de Ario multiscio, S. 32—33, Anm., und wider in den Íslendínga sögur, I, S. 385), aus der einen wie aus der anderen geflossen sein. Aber was der Mönch Oddur in seiner Ólafs s. Tryggvasonar aus Ari anführt (cap. 22, S. 275—6 der Kopenhagener, und cap. 15, S. 22—3 der Stockholmer Recension), muss aus seiner ersten Ausgabe genommen sein, und ebenso kann es nur auf diese gehen, wenn Gunnlaugr Leifsson auf ihn sich beruft (Flbk, I, S. 511); die Vorrede zur Heimskringla sowohl als die zu einzelnen Recensionen der geschichtlichen Ólafs s. ens helga citirt unzweifelhaft sie als ihre Quelle, und auch in ihrer Ólafs s. Tryggvasonar, cap. 13, S. 134, dann in ihrer Ólafs s. ens helga, cap. 189, S. 450, und cap. 260, S. 510, führt die Heimskringla dieselbe an, ganz wie die

geschichtliche Olafs s. ens helga, (cap. 11, S. 10, cap. 175, S. 168, und cap. 248, S. 232, in der Ausgabe von Munch und Unger; cap 10, S. 19, und cap. 89, S. 210, Anm. 1, wo andere IIs. freilich þorsteinn fróði lesen, in den FMS., IV, dann cap. 171, S. 21, und cap. 232, S. 114, ebenda, V), und die ausführliche Olafs s. Tryggvasonar (cap. 84, S. 95, und cap. 63, S. 89, in den FMS. I. sowie Flbk. I, S. 155, S. 194, wogegen FMS. I, cap. 90, S. 178 Ari's Namen nicht nennt) auch ihrerseits diess thun. Widerum ist es die ältere Redaction der Islendíngabók, welche die Kristni s., cap. 12, S. 26 und 27, benützt hat, — denn die Páls biskups s., cap. 18, S. 115 (vgl. die Hungurvaka, cap. 8, S. 70—71, und Kristni s., cap. 14, S. 30—31, wo nur Ari's Name nicht genannt wird), und wohl auch die älteste Redaction der Jóns biskups s., cap. 9, S. 158 (vgl. Gunnlaugs Bearbeitung, cap. 16, S. 231, sowie die Húngurvaka, cap. 7, S. 70, welche indessen Ari's Namen nicht nennt), — ferner die Eyrbyggja, cap. 7, S. 8, und die Laxdœla, cap 4, S. 8, und cap. 78, S. 330—2, welche beide der Mitte des 13 Jhdts. anzugehören scheinen, sowie die Landnáma, II, cap. 14, S. 106 (nur die Hauksbók, und nach ihr die jüngere Melabók, nennt freilich dabei den Namen Ari's), welche ja auch an der oben angeführten Stelle der Hauksbók ihre Kenntniss jenes älteren Werkes verräth, — endlich die Njála, cap. 115, S. 173, welche doch erst dem Ende des 13 Jhdts. zugetheilt werden kann. Der Orms þ Stórúlfssonar aber (Flbk. I, S. 526), welcher ohne deren Verfasser zu nennen eine íslendíngs skrá citirt, dürfte ebenfalls keine andere Quelle als jene ältere Redaction der Islendíngabók gemeint haben.

23. Dass ich hier und im ganzen Verlaufe meiner Erörterung immer nur auf die eigentliche Landnáma, die Hauksbók und die Melabók Rücksicht neme, dagegen die sogenannten harmonischen Hss. ganz ausser Betracht lasse, während dieselben doch gerade an der von mir behandelten Stelle theils mit der Hauksbók, theils mit dem Þorsteins þ. sehr auffällig übereinstimmen, hat seinen Grund einfach darinn, dass dieselben theils aus jener ersteren Quelle, theils aber auch, direct oder indirect, aus der diese letztere enthaltenden Flateyjarbók geschöpft haben. So enthält zumal eine in Jón Sigurðsson's Ausgabe der Landnáma mit Af. bezeichnete IIs, welche um das Jahr 1640 geschrieben ist und unter AM. 111, fol. vorliegt, am Schlusse der Angaben über die Gesetze Ulfljóts u. s. w. sogar die früher besprochenen Notizen über Böðvarr hvíti und þórir háð ganz in derselben Weise wie der Þorsteins þ.; aber gerade diese IIs, folgt vielfach der Olafs s. Tryggvasonar der Flbk, in welche diese letztere Sage eingeschaltet ist, und nur aus der Lesart „Uœ" für Vörs in dieser letzteren lässt sich die Corruptel „Nyös" in jener ersteren IIs. ableiten (vgl. die Vorrede zu den Íslendínga sögur, I, S. XXXI)

24. Dass das Alter beider Sagen sowohl die Annsme einer mittelbaren als die einer unmittelbaren Benützung der älteren Recension der Íslendíngabók zulässt, ist klar. Oben, Anm. 22, wurde bereits gelegentlich bemerkt, dass die Eyrbyggja gegen die Mitte des 13 Jhdts. entstanden zu sein scheine, und es mag genügen dieserhalb auf die Vorrede Guðbrandur Vigfússon's zu seiner Ausgabe der Sage, S. XII—XIII, sowie auf meine Bemerkungen in Pfeiffer's Germania, X, S. 487—88 hinzuweisen; bezüglich der Kjalnesínga s. dagegen ist, mit Jón Sigurðsson (Vorrede zu den Íslendínga sögur, II, S. XLVI—VII), auf zwei Stellen Gewicht zu legen, deren eine (cap. 2, S. 404) erzählt, dass ein gewisser Ólafur Jónsson ein Gebäude zu Hof auf Kjalarnes habe niderreissen lassen, in welchem noch Balken aus dem dortigen Göttertempel verwendet gewesen seien, während die andere (cap. 18, S. 459—60) den Bischof Árni þorláksson zu Skálholt als bereits verstorben bezeichnet. Nun wissen wir aus der Árna biskups s., cap. 1—2, S. 679—80, dass Bischof Árni in demselben Jahre geboren wurde, in welchem Bischof Magnús Gizurarson starb (1237), dass er bis zum Tode des Ormnr Svinfellíngur (1241), und länger, mit seinem Aeltern zu Svínafell wohnte, dann aber mit ihnen nach Rauðilœkur zog, und hier wohnte bis nach der Ermordung der Ormssöhne (1252), dass er endlich hierauf erst mit ihnen nach Reynivellír in der Landschaft Kjós wanderte, um dann nach Ablauf eines weiteren Jahres zu Ólafur Jónsson nach Hof auf Kjalarnes sich zu begeben. Offenbar ist hier wie dort derselbe Mann gemeint, und darf demnach die Mitte des 13. Jhdts. als die Zeit bezeichnet werden, in welcher derselbe auf dem genannten Hofe sass; da andererseits Bischof Árni selbst nach den Annalen in den Jahren 1297—98 starb, ist klar, dass die Sage vor den allerletzten Jahren des 13. Jhdts. wenigstens in der Gestalt, in welcher sie uns vorliegt, nicht entstanden sein kann, während allerdings Nichts im Wege steht, wenn man derselben etwa eine etwas spätere Entstehungszeit zuweisen will. Dass die Eyrbyggja jedenfalls die ältere Recension der Islendingabók gekannt hat, ist überdiess auch bereits erwähnt und belegt worden; bezüglich der Kjaluesinga s. dagegen vermag ich ein Gleiches allerdings nicht darzuthun, und es lässt sich sogar leicht erweisen, dass dieselbe jene Quelle wenigstens nicht von Anfang an und nicht ihrem vollen Umfange nach benützt haben kann. Unsere Islendingabók sagt uns nämlich, dass þorsteinn Ingólfsson das Ding zu Hof auf Kjalarnes eingerichtet habe, und dass auf Grund dieser Thatsache seinem Geschlechte die Hegung des Alldinges zugefallen sei, als dieses später gestiftet worden sei; aus den auf die älteste Melabók zurückweisenden Berichten der jüngeren Melabók und der þórðar s., dann aus der Landnáma, I, cap. 9, S. 34—39, konnten wir überdiess entnemen, dass dieselbe Angabe auch bereits in der älteren Redaction dieses Werkes zu finden gewesen war. Dem gegenüber lässt die Kjalnesinga s., cap. 2, S. 404, das Ding á Kjalarnesi erst von þorgrimur, einem Sohne des Helgi bjóla, einsetzen, und erst zu einer Zeit, da das Allding bereits bestand, — eine Angabe, welche um so bedenklicher ist, da weder die Landnáma noch irgendeine sonstige verlässige Quelle einen þorgrim unter Helgi's Söhnen nennt; sie bezeichnet ferner das goðorð eben dieses þorgrims, cap. 2, S. 402, als Brundæla-goðorð, was auf eine Beziehung desselben zum Geschlechte der Bryndælir und zum Bryndjudalur deutet, die doch weder topographisch noch genealogisch begründet ist (vgl. Landnáma, I, cap. 14, S. 47). Es bleibt demnach nur die Annahme übrig, dass hier eine Sage vorliege, welche unabhängig von Ari's Werken auf Grund localer Ueberlieferungen und vielleicht z. Th. auch willkürlicher Erfindungen entstanden, hinterher aber unter Zubülfenamne jener ersteren interpolirt worden sei; Nichts steht dabei der Vermuthung im Wege, dass eine Schilderung, welche bei Ari auf den Tempel auf þórnes sich bezogen hatte, hinterher willkürlich auf den zu Hof auf Kjalarnes bezogen worden sei. Uebrigens will ich nicht unterlassen auf einen Punkt aufmerksam zu machen, welcher vielleicht auf den Hergang bei dieser und änlichen Interpolationen einiges Licht zu werfen geeignet sein könnte. Vom Tempelringe sprechend, brauchen die Haukabók, der þorsteins þ. und der Anhang zur jüngeren Melabók übereinstimmend die Worte: „hann baug skyldi hverr goði hafa á hendi sér til lögþinga allra þeirra er hann skyldi sjálfr heyja", wogegen die þórðar s. liest: „þann baug skyldi hofgoði hafa á hendi til allra mannfunda", und sowohl die Wortfassung der Eyrbyggja: „þann bring skyldi hofgoði (Variante · höfðingi) hafa á hendi sér til allra mannfunda", als die der Kjalnesinga s.: „hann skyldi hofgoði hafa á hendi til allra mannfunda", mit dieser letzteren, nicht mit jener ersteren Lesart stimmt. Die drei in der Vatnshyrna enthaltenen Sagen also stehen insoweit jenen anderen drei Quellen gegenüber, und man muss wohl annemen, dass ihre Wortfassung, die auch aus inneren Gründen als die bessere sich empfielt, bei Ari sowohl als in der ältesten Melabók gestanden sei, und dass die jüngere Melabók nur durch die Haukabók sich habe verführen lassen, dieselbe zu ändern.

25. Hinsichtlich der Eyrbyggja findet man Anfänge zu einer solchen Erörterung in Guðbrands Vorrede, S. XIV—XVI, sowie in meinen Bemerkungen über diese, in Pfeiffer's Germania, X, S. 490—93.

26. Ich habe schon früher gegenüber der älteren Meinung, welche die Viertelsgerichte am Alldinge nur mit je 9 Richtern besetzt sein lassen wollte, die obige Ansicht verfochten (Die Entstehung des isländischen Staats und seiner Verfassung, 1852, S. 177—78). Gisli Brynjúlfsson hat, in seinem Aufsatze „Um goðorð í formuld og búðaskipun á þingvöllum" (Ný félagsrit, XIII, 1853, S. 110), meine Ausführung überzeugend gefunden, und auch Dasent, in der Einleitung

zu seiner Uebersetzung der Njála, S. LXVII (Edinburgh, 1861), hat sich derselben angeschlossen; Munch aber, welcher in seiner norwegischen Geschichte, I. 2. S. 156 (1853) noch der früheren Meinung gefolgt war, hat später, II. S 1010, Anm. 9 (1855) meine Auseinandersetzung wenigstens für „ziemlich wahrscheinlich" erklärt. Aber keiner von uns Allen hat bemerkt, dass dieselbe Ansicht bereits vor mir von dem isländischen Amtmanne Páll Melsted († 1861) ausgesprochen und mit sehr triftigen Gründen vertheidigt worden war (vgl. dessen „Nýar athugasemdir vid nokkrar ritgjördir um alþingismálid", Reykjavík, 1845, S. 108—110, Anm.). Ich benütze gerne diese Gelegenheit, das unfreiwillige Uebersehen, soviel an mir liegt, gut zu machen.